Thorsten Paprotny

Kurze Geschichte der Philosophie der Gegenwart

HERDER spektrum

Band 6009

Das Buch

Die Philosophie der Gegenwart kennt die unterschiedlichsten Wege: Neukantianismus und Existenzialismus, Pragmatismus und Kritische Theorie – wo liegen die Unterschiede, wo die Gemeinsamkeiten? Beginnend mit Nietzsche, dessen Werk wie kein zweites die Philosophie des 20. Jahrhunderts bestimmt hat, führt Thorsten Paprotny den Leser in ein spannendes Panoptikum des Denkens. Die Gegenwart zeigt sich weniger durch bestimmte Denkrichtungen geprägt, sie ist vielmehr durch eine Vielfalt philosophischer Ansätze charakterisiert. Ob Martin Heidegger, Karl Jaspers, Ernst Cassirer, Jean-Paul Sartre oder Jacques Derrida: Leicht zu lesende Porträts der entscheidenden Denker führen auf einer spannenden Reise durch eine der abwechslungsreichsten philosophischen Epochen.

Der Autor

Thorsten Paprotny, Dr. phil., lehrt Philosophie an der Leibniz-Universität Hannover. Zahlreiche Veröffentlichungen. Bei Herder Spektrum: Kurze Geschichte der antiken Philosophie, Kurze Geschichte der Philosophie der Aufklärung, Kurze Geschichte der mittelalterlichen Philosophie, Kurze Geschichte der Philosophie der Neuzeit.

Thorsten Paprotny

Kurze Geschichte der Philosophie der Gegenwart

HERDER

FREIBURG · BASEL · WIEN

Originalausgabe

www.herder.de

Umschlagkonzeption und -gestaltung:
R·M·E Eschlbeck / Botzenhardt / Kreuzer
Umschlagmotiv: Raoul Hausmann, Skulptur, 1919,
Bildarchiv Preußischer Kulturbesitz / © VG Bild-Kunst, Bonn 2008
Foto des Autors © Michael Lieb

Satz: Dtp-Satzservice Peter Huber, Freiburg
Herstellung: fgb · freiburger graphische betriebe
www.fgb.de

Gedruckt auf umweltfreundlichem, chlorfrei gebleichtem Papier
Printed in Germany

ISBN 978-3-451-06009-0

Inhalt

I. Friedrich Nietzsche und die Lebensphilosophie

Nietzsches Philosophie fasziniert bis heute. In gewisser Weise lässt sich das Werk dieses Denkers, der durch seine Formulierkunst, seinen psychologischen Scharfsinn und seine hellsichtige Moralkritik Künstler und Philosophen unverwechselbar zu prägen wusste, als beispielhaft für das ausklingende 19. Jahrhundert bestimmen und als wegweisend für die Philosophie der Moderne. Es ist so vielschichtig, tiefsinnig und geistvoll, so reich an Widersprüchen und Irrtümern, dass es noch immer in seiner weitreichenden geistigen Bedeutung, in seinen hellsichtigen Analysen, trotz zahlloser Forschungsleistungen, nicht ausgeschöpft zu sein scheint.

Die abendländische Philosophie des 19. Jahrhunderts hatte mit Hegel, Kierkegaard und Marx ein hohes Reflexionsniveau erreicht und wirkte doch, als sei sie ans Ende gelangt. Nietzsches philosophischer Weg markiert den Bruch mit den Traditionslinien der Philosophie dieser Zeit. Wer Friedrich Nietzsches Werke liest, entdeckt unmittelbar die Radikalität und Intensität seines Fragens, die Leidenschaft und die Redlichkeit des Denkens, den Willen zur Wahrheit und Wahrhaftigkeit abseits von starrer Systematik oder politischer Ideologie.

Nietzsches Philosophie regt noch immer viele Menschen an, die Lust am eigenständigen Denken für sich zu entdecken, die Freude an der Sprache und den beherzten Eigensinn intellektueller Provokation. Mit Nietzsche beginnt die Philosophie der Moderne – wer seine Aphorismen, seine Abhandlungen resonanzvoll liest, dem erscheint er noch heute als gegenwärtig.

Nietzsches Leben

Friedrich Nietzsche wurde am 15. Oktober 1844 in Röcken geboren. Sein Vater war Pastor und starb 1849. Umgehend musste die Familie das Pfarrhaus verlassen. Die Witwe zog mit dem Sohn Friedrich, der Tochter Elisabeth, 1846 geboren, und dem zweiten Sohn Joseph, der 1848 geboren wurde und bereits 1850 verstarb, zu Verwandten nach Naumburg. Friedrich Nietzsche besuchte das in der Nähe gelegene Gymnasium Schulpforta. 1864 zog er nach Bonn, um dort Theologie und klassische Philologie zu studieren. Ein Jahr später wechselte er an die Universität Leipzig. Intensiv beschäftigte er sich in dieser Zeit mit dem Werk Arthur Schopenhauers. Nietzsche studierte zügig und erfolgreich. Er lernte 1868 den Komponisten Richard Wagner kennen. Aus der Bewunderung erwuchs eine langjährige Freundschaft, die in erbitterten Hass umschlagen sollte. Im Februar 1869 wurde Nietzsche an die Universität von Basel berufen. Er amtierte, noch keine 25 Jahre alt, als außerordentlicher Professor für klassische Philologie. Seine Antrittsvorlesung galt dem Thema „Homer und die klassische Philologie". Nietzsche machte Bekanntschaft mit Jacob Burckhardt, dessen kulturgeschichtliche Studien ihn faszinierten. Er begann an seiner ersten Publikation größeren Umfangs zu arbeiten und verfasste, neben der Lehrtätigkeit, in den kommenden Jahren „Die Geburt der Tragödie aus dem Geist der Musik", ein genialisches Frühwerk über die attische Kunst, mit verborgenen Bezügen zum musikalischen Welttheater Wagners.

1870 wurde Nietzsche ordentlicher Professor in Basel, meldete sich im August desselben Jahres freiwillig für den Deutsch-Französischen Krieg, an dem er als Krankenpfleger teilnahm. Eine schwere Erkrankung beendete seinen Militärdienst. In dieser Zeit lernte er den Theologen Franz Overbeck kennen und freundete sich mit ihm rasch an. Nietzsche erholte sich und arbeitete konzentriert am Schreibtisch. In zunehmendem Maße beschäftigten ihn philosophische Fragestellungen. Während Richard Wagner im Mai 1872, in Anwesenheit Nietzsches, die Grundsteinlegung des Bayreuther Festspielhauses feierte, widmete sich dieser intensiv der Auseinandersetzung mit dem Schrifttum des vielgelesenen David Friedrich Strauß über das Leben Jesu. Eine leidenschaftliche Kritik, die 1873 abgeschlossen wurde, war das Resultat seiner Bemühungen. Nietzsche nannte diese und die folgenden drei Studien „unzeitgemässe Betrachtungen". Der Zeitdiagnostiker und -kritiker verfasste notwendige Arbeiten zu bestimmten Problemfeldern und Themen, die – da gegen den Trend der Zeit geschrieben – vielleicht nicht gern gehört oder gelesen wurden, aber in gewisser Weise gerade deswegen große Bedeutung hatten. Nietzsche positionierte sich als scharfsichtiger Analytiker der geistigen Situation der Zeit. Die Titel der „unzeitgemässen Betrachtungen" lauteten, in rascher Folge publiziert: „David Strauß, der Bekenner und der Schriftsteller", „Vom Nutzen und Nachteil der Historie für das Leben", „Schopenhauer als Erzieher" und „Richard Wagner in Bayreuth". In der Abhandlung über Schopenhauer fordert Nietzsche die Abkehr von einer Einfügung in die bestehenden geistigen und sozialen Verhältnisse. Die folgende Passage charakterisiert auf treffende Weise die eigentümliche Dynamik der Reflexionen des jungen Philosophen: „Dieses ewige Werden ist ein lügnerisches Puppenspiel, über welchem der Mensch sich selbst vergisst, die eigentliche Zerstreuung, die das Individuum nach allen Winden auseinanderstreut, das endlose Spiel der Albernheit, welche das große Kind Zeit vor uns und mit uns spielt. Jener Heroismus der Wahrhaftigkeit besteht darin, eines Tages aufzuhören, sein Spielzeug zu sein. Im Werden ist alles hohl, betrügerisch, flach und unserer Verachtung würdig; das Rätsel, welches der Mensch lösen soll, kann er nur aus dem Sein lösen, im So- und nicht Anderssein, im Unvergänglichen. Jetzt fängt er an, zu prüfen, wie tief er mit dem Werden, wie tief er mit dem Sein verwachsen ist – eine ungeheure Aufgabe steigt vor seiner Seele auf: alles Werdende zu zerstören, alles Falsche an den Dingen ans Licht zu bringen."

Zum endgültigen Bruch mit Wagner kam es im Jahr 1876, ein menschliches Drama in vielen Akten. Nietzsche agitierte wild entschlossen gegen Entwicklungen in Wagners Musik. Der Komponist indessen fühlte sich auf der Höhe seines Ruhms sichtlich wohl. Nietzsches gesundheitlicher Zustand bot Anlass zur Besorgnis. Die Migräneanfälle häuften sich. Kuraufenthalte wurden nötig. In den Jahren 1876 bis 1878 verfasste er den ersten Band von „Menschliches Allzumenschliches". 1879 musste er seine Lehrtätigkeit einstellen. Der Professor sah sich außerstande zu unterrichten. Nietzsche reiste nach Italien, nachdem er 1880 den zweiten Teil des Werkes „Menschliches Allzumenschliches" publiziert hatte. Er verbrachte den Frühling in Venedig und den Winter in Genua. Nach der Arbeit an dem Buch „Morgenröthe" und mitten in seinen Studien zu „Die fröhliche Wissenschaft" hörte Nietzsche, auch im Jahr 1881 wieder in Genua weilend, Bizets Oper „Carmen" und war davon höchst angetan. Der Philosoph liebte diese Oper, hielt sie für bedeutender als Wagners gesamtes Œuvre. 1882 begann er mit Notizen zur „Umwertung der Werte", reiste nach Sizilien, lernte Lou Andreas-Salomé kennen, mit der ihn einige Monate lang eine enthusiastisch-platonische Freundschaft verband. Den folgenden Winter verbrachte Nietzsche in Rapallo. Dort entstand der erste Teil von „Also sprach Zarathustra“, die weiteren Abschnitte des Buches folgten in den Jahren bis 1885 bald darauf. Parallel dazu arbeitete Nietzsche an „Jenseits von Gut und Böse“. 1887 schloss er „Zur Genealogie der Moral“ ab. Im April 1888 weilte der Philosoph zum ersten Mal in Turin. In Kopenhagen hielt zur selben Zeit Georg Brandes Vorlesungen „Über den deutschen Philosophen Friedrich Nietzsche“. Es ergab sich ein kurzer Briefwechsel mit Nietzsche. Dieser arbeitete, bereits schwer krank, geradezu besessen an weiteren Schriften. Allein 1888 saß er an „Der Fall Wagner“, den „Dionysos-Dithyramben“, der „Götzendämmerung“ und an „Der Antichrist“, es folgten im Herbst „Ecce homo“ und „Nietzsche contra Wagner“. Die letzten Schriften wurden erst lange nach seinem Tod publiziert. Den Winter verbrachte Nietzsche wiederum in Turin. Dort erlitt er zur Jahreswende, vermutlich an einem der ersten Tage im Januar 1889, einen geistigen Zusammenbruch, von dem er sich nicht mehr erholte.

Nietzsche war zeit seines Lebens von tagelang dauernden Migräneanfällen geplagt, stark kurzsichtig, am Ende fast erblindet. Anscheinend hatte sich Nietzsche bereits 1866 in Bonn bei einer Prostituierten mit Syphilis infiziert. Keine einzige intime Liebesbeziehung bestand, nur die gelegentliche Verehrung letztlich unerreichbarer Frauen wie Cosima Wagner oder Lou Andreas-Salomé, auch seine Schwester Elisabeth bewunderte er außerordentlich. Der Philosoph war depressiv, litt an Krampferscheinungen und verlor mitunter das Bewusstsein. Das alles waren offenbar Folgeerscheinungen der Syphilis, auch die Migräne verschlimmerte sich zusehends. Nietzsche hielt sich für gesund und brach im Zustand größenwahnsinniger Erregung in Turin zusammen. Ein Dreivierteljahr verbrachte er in einer psychiatrischen Klinik in Jena, war desorientiert, zuweilen apathisch, dann aggressiv, und verlor allmählich die Denkfähigkeit.

Die letzten Jahre seines Lebens verbrachte der Philosoph in geistiger Umnachtung, bis 1897 in der Obhut der Mutter, die letzten drei Jahre bei seiner Schwester Elisabeth in Weimar. Zunächst konnte er noch lesen, etwas Klavier spielen und spazieren gehen. Jedoch traten immer häufiger Schreianfälle auf, Unsicherheiten beim Gehen und eine fortschreitende Demenz. Nach zwei Schlaganfällen war Nietzsche halbseitig gelähmt. Elisabeth Förster-Nietzsche trieb einen befremdlichen Kult mit dem siechen Bruder. Er wurde in Weimar förmlich Besuchern ausgestellt, ein sterbenskranker Wahnsinniger, der einflussreichen und vermögenden Gästen wie ein Schauobjekt vorgeführt wurde. Dem dritten Schlaganfall erlag Nietzsche am 25. August 1900 im Alter von 56 Jahren. Begraben wurde er, wie das Röckener Kirchenbuch mitteilt „ohne kirchliche Beteiligung", mit der Erläuterung, er sei der Konfession nach zwar „evangelisch", „nach seinen philosophischen Werken aber anti-christlich" gewesen.

Nietzsche lesen – aber wie?

Friedrich Nietzsche war ein virtuos formulierender Sprachkünstler, sonst hätte er nicht in diesem Maße Literaten für sich einnehmen können. Zu Missbrauch und Fehldeutungen bietet sein vielgestaltiges Werk ebenfalls Anlass. Theoretiker des Faschismus bedienten sich dankbar und interpretierten die von der reaktionär gesinnten Schwester Elisabeth Förster-Nietzsche herausgegebenen Schriften auf bedenkliche Weise, etwa Nietzsches Ausführungen über die „blonde Bestie" und den „Willen zur Macht".

Eine Anleitung zur Lektüre bedeutet hier keine didaktische

Verformung selbstständiger Reflexion, eher eine Ermunterung, sich Nietzsche so zu nähern, wie dieser verstanden sein wollte. Nicht begeistertes Ergriffensein erwartete und erhoffte er, sondern er sah in der Leidenschaft für philosophisches Denken den Ausgangspunkt und nicht das Ziel. Nietzsche verstand sich als „Lehrer des langsamen Lesens", was offenkundig wie ein Widerspruch anmutet, da seine Aphorismen und Betrachtungen weitaus zugänglicher erscheinen als die Texte, die die meisten Philosophen vor ihm und nach ihm verfasst haben. Er verabscheute die „lesenden Müßiggänger", die sich unbedenklich in bequemer Gleichgültigkeit und aus bloßem Zeitvertreib auch einmal mit Philosophie beschäftigen und den klugen Gedanken gönnerhaft bewundern, aber nicht beherzigen, sich weder ansprechen noch verändern lassen, vom „leidenschaftlichen Zustand" weit entfernt sind. Voller Verachtung spricht Nietzsche über die verständnislosen Leser, die Fragmente sammeln oder sich einzelne Sätze heraussuchen, um dann ihr eigenes System daraus zu bauen und, vorgeblich unter Respekt vor dem Philosophen, ein ihm fremdes Gedankengebäude errichten, als sei dies im Geiste Nietzsches entstanden: „Die schlechtesten Leser sind die, welche wie plündernde Soldaten verfahren: sie nehmen sich einiges, was sie brauchen können, heraus, beschmutzen und verwirren das Übrige und lästern auf das Ganze." Zu dieser Art von Lesern gehörten nationalsozialistische Ideologen wie Alfred Rosenberg oder Alfred Bäumler.

Wer Nietzsche verstehen will, muss ihn „langsam, tief, rück- und vorsichtig, mit Hintergedanken, mit offen gelassenen Türen, mit zarten Fingern und Augen lesen", so lesen, das heißt für den Philosophen – „gut lesen". Alsbald entdeckt ein jeder Wiederholungen, aber auch Widersprüche und Gegensätze. Zu jeder Aussage Nietzsches findet sich nahezu eine gegenteilige, so dass sich der Leser offenbar berechtigterweise auf ihn scheint berufen zu können. Lässt sich Nietzsche so von jedem vereinnahmen, gar wie ein Philosoph, der es allen recht zu machen scheint und jedem einen Anknüpfungspunkt bietet, an dem dieser den Faden seines Gedankens aufnehmen und mit Zitaten von Nietzsche versehen kann? Nietzsche lehnte Vereinfachungen ab. Wer sich vom Willen zur Wahrheit leiten lässt, gerät notwendig auf Widerstreitendes, auf vielerlei, was sich in der Form des Widerspruchs zeigt, und dieses aufzuweisen, ist ein Zeichen von Wahrhaftigkeit. Weder „zudringliche Bewunderer" strebte Nietzsche an noch ergebene Nachfolger, Schüler wollte er nicht haben, auch nicht postum. Die Gedanken möchte er am liebsten einzäunen, „dass mir nicht in meine Gärten die Schweine und Schwärmer brechen", und zuwider war ihm auch prophetisches Gebaren, so dass alle, die ihn lesen, auf sich selbst verwiesen sind, damit sie nicht mit seinen Gedanken ihr eigenes Handeln legitimieren, sondern eigenständig zu philosophieren beginnen: „Geh nur dir selber treulich nach: – so folgst du mir." Nietzsche fordert, dass der Leser den Weg zu sich selbst entdecke: „Ich will nur mit Menschen umgehen, welche ihr eigenes Muster haben und nicht in mir es sehen. Denn dies machte mich für sie verantwortlich und zum Sklaven." Dass Nietzsche sich freilich der Gläubigen und fanatischen Anhänger erwehren wollte, heißt nicht, dass er solche, die sich besinnungs- und reflexionslos auf ihn beriefen, nicht doch erhielt, Anhänger, die ihn wie den Stifter einer philosophischen Religion verehrten, wovor er sich fürchtete: „Ich will keine ‚Gläubigen', ich denke, ich bin zu boshaft dazu, um an mich selbst zu glauben, ich rede niemals zu Massen … Ich habe eine schreckliche Angst davor, dass man mich eines Tages heiligspricht." Wer Nietzsche liest, soll sich selbst erkennen. Philosophieren mit Nietzsche heißt auch, sich gegen Nietzsche zu behaupten, freilich zugleich, sich von ihm ansprechen zu lassen, wie er dies mit dem Bild des „Genies des Herzens“ getan hat: „Das Genie des Herzens, ... dessen Stimme bis in die Unterwelt jeder Seele hinabzusteigen weiß, zu dessen Meisterschaft es gehört, dass es zu scheinen versteht, was denen, die ihm folgen, ein Zwang mehr ist, um ihm immer innerlicher und gründlicher zu folgen: – das Genie des Herzens, das alles Laute und Selbstgefällige verstummen macht und horchen lehrt, das die rauhen Seelen glättet und ihnen ein neues Verlangen zu kosten gibt, – still zu liegen wie ein Spiegel, dass sich der tiefe Himmel auf ihnen spiegele –; das Genie des Herzens, das den verborgenen und vergessenen Schatz ... unter trübem dickem Eise errät und eine Wünschelrute für jedes Korn Gold ist; ... das Genie des Herzens, von dessen Berührung jeder reicher fortgeht, reicher an sich selber, ... aufgebrochen, von einem Tauwinde angeweht und ausgehorcht, unsicherer vielleicht, aber voll Hoffnungen, die noch keinen Namen haben, voll neuen Willens –.“

Wer Nietzsche aus vermeintlicher Verehrung nicht zu widersprechen wagt, wird ihm nicht gerecht. Nichts ehrt diesen Philosophen weniger als jüngerhaftes Gehabe.

Apollo und Dionysos

Das Leitthema der frühen Schriften Nietzsches ist die Schönheit, das Wechselspiel und der dissonante Einklang der im Bereich der Kunst durch die Gottheiten Apollo und Dionysos repräsentierten Stilgegensätze, die konfliktreich nebeneinander bestehen, aber in der griechischen Tragödie zu einem Kunstwerk ineinandergefügt sind. Nietzsches besonderes Verständnis für die strenge Form und die rauschhafte Verzückung findet hier einen adäquaten Ausdruck, in welchem er das verborgene Künstlertum des Menschen als Seinszustand herauszustellen weiß, der doch dem ebenso harmonistischen wie historisch falschen Griechenbild der deutschen Klassik entgegengesetzt ist.

Das „Wonnegefühl des Daseins“ erfährt der Mensch Nietzsche zufolge im Traum und im Rausch. Im Traum besteht nichts Nebensächliches, nichts Gleichgültiges und Unnötiges, im „schönen Schein der Traumwelt“ sprechen alle Formen, in der das Schöne, aber auch das Ernsthafte in gleicher Weise zu einer gleichsam vollständig ausgeleuchteten Sphäre intensiven Erlebens zueinandergefügt sind, in der Annahme der „Allverständigkeit“ der Eindrücke, in welcher in lustvoller Schau das Ganze des Traumes in leuchtender Farbigkeit, auch in verstörender Intensität erfahren wird. Das bildnerische Element, die Formung und Ordnung der Fantasie durch „maßvolle Begrenzung“ und die „Freiheit von wilderen Regungen“ ist das Kennzeichen des Gottes Apollo, auf dem der Glanz „ewiger“ Jugend liegt und die „Weihe des schönen Scheines“ ruht: „Auch der schöne Schein der Traumwelt ist sein Reich: die höhere Wahrheit, die Vollkommenheit dieser Zustände im Gegensatz zu der lückenhaft verständlichen Tageswirklichkeit erheben ihn zum wahrsagenden Gotte, aber eben so gewiss zum künstlerischen Gotte. Der Gott des schönen Scheins muss zugleich der Gott der wahren Erkenntnis sein. Aber jene zarte Grenze, die das Traumbild nicht überschreiten darf, um nicht pathologisch zu wirken, wo der Schein nicht nur täuscht, sondern betrügt, darf auch nicht im Wesen des Apoll fehlen …, jene Weisheit und Ruhe des Bildnergottes.“

Dem entgegengesetzt ist Dionysos, die dionysische Kunst, in der nicht ordnende Kraft erblickt wird, sondern Ekstase und Verzückung, die „Selbstvergessenheit des Rausches“, in der die Individualität aufgehoben ist und der Mensch von der „hervorbrechenden Gewalt des Generell-Menschlichen“ in den „Dionysos-Festen“ die Versöhnung der Menschen untereinander und zwischen Mensch und Natur rauschhaft erfährt, sich „verzaubert" fühlt und als „etwas Anderes" erlebt, nämlich als sei er den Göttern gleich: „Der Mensch ist nicht mehr Künstler, er ist Kunstwerk geworden, er wandelt so verzückt und erhoben, wie er die Götter im Traum wandeln sah. Die Kunstgewalt der Natur, nicht mehr die eines Menschen, offenbart sich hier … Wenn nun der Rausch das Spiel der Natur mit dem Menschen ist, so ist das Schaffen des dionysischen Künstlers das Spiel mit dem Rausche. Dieser Zustand lässt sich nur gleichnisweise begreifen, wenn man ihn nicht selbst erfahren hat: es ist etwas Ähnliches, wenn man träumt und zugleich den Traum als Traum spürt. So muss der Dionysosdiener im Rausche sein und zugleich hinter sich als Beobachter auf der Lauer liegen. Nicht im Wechsel von Besonnenheit und Rausch, sondern im Nebeneinander zeigt sich das dionysische Künstlertum."

Nietzsche verweist hier auf das Zusammenspiel von Apollo und Dionysos, auf die Verbindung der formenden Macht des Bildnerischen und der ungebändigten Lebenskraft des Naturhaften, das in dem „schönsten Bruderbund" in das „Welterlösungsfest" eines intensiv erlebten Miteinanders mündet. Versöhnt und verbunden sind Apollo und Dionysos durch die delphische Kultordnung, in der beide wachsen konnten, der apollinische Kunstgeist ebenso wie der dionysische Rausch. Die Bändigung und Zügelung des bacchantisch-dionysischen Rausches zeigte die „Weisheit des delphischen Apollo", der den „stürmenden Heranzug des neuen Gottes" statt in einen zermürbenden Zweikampf in eine höchste Harmonie führte. Der dionysische Rausch muss notwendig geordnet werden, zeigt sich in ihm doch „im ungestümen Durchrasen aller Seelen-Tonleitern bei narkotischen Erregungen" und in der „Entfesselung der Frühlingstriebe" die „Natur in ihrer höchsten Kraft", die zu einer Verbindung der Individuen wird, so dass die eigentliche Besonderung der ihrer selbst bewussten Individualität als „andauernder Schwächezustand des Willens" erscheint. Die rauschhaft-orgiastische Feier der Gemeinschaft kontrastiert das Prinzip der Vereinzelung: „Je mehr verkommener der Wille ist, desto mehr zerbröckelt alles ins Einzelne, je selbstischer, willkürlicher das Individuum entwickelt ist, um so schwächer ist der Organismus, dem es dient. In jenen Zuständen bricht daher gleichsam ein sentimentalischer Zug des Willens hervor, ein ‚Seufzen der Kreatur' nach dem Verlorenen: aus der höchsten Lust heraus tönt der Schrei des Entsetzens, die sehnenden Klagelaute unersetzlichen Verlustes." In der „Vergeistigung der Dionysosfeier" schlägt die bildnerische, ordnende Kraft des Apollinischen den „übermächtigen Instinkt" und die „gefährlichsten Elemente der Natur" in die „Fesseln der Schönheit".

Nietzsche deutet das Apollinische zusammenfassend: „Das Schauen, das Schöne, der Schein umgrenzt den Bereich der apollinischen Kunst: es ist die verklärte Welt des Auges, das im Traum, bei geschlossenen Augenlidern, künstlerisch schafft ... Der Bildnerdienst der apollinischen Kultur, ob diese sich nun im Tempel, in der Statue oder im homerischen Epos äußerte, hatte ihr erhabenes Ziel in der ethischen Forderung des Maßes, welche der ästhetischen Forderung der Schönheit parallel läuft. Das Maß als Forderung hingestellt ist nur dann möglich, wo das Maß, die Grenze als erkennbar gilt. Um seine Grenzen einhalten zu können, muss man sie kennen: daher die apollinische Mahnung: ‚Erkenne dich selbst'. Der Spiegel aber, in dem sich der apollinische Grieche allein sehen, d.h. erkennen konnte, war die olympische Götterwelt: hier aber erkannte er sein eigenstes Wesen wieder, umhüllt vom schönen Scheine des Traumes. Das Maß, unter dessen Joch sich die neue Götterwelt (gegenüber einer gestürzten Titanenwelt) bewegte, war das der Schönheit: die Grenze, die der Grieche innezuhalten hatte, war die des schönen Scheins. Der innerste Zweck einer auf den Schein und das Maß hingewendeten Kultur kann ja nur die Verschleierung der Wahrheit sein: dem unermüdlichen Forscher in ihrem Dienst wurde ebenso wie dem übermächtigen Titanen das warnende ‚Nichts im Übermaß' zugerufen. In Prometheus wird dem Griechentum ein Beispiel gezeigt, wie die übergroße Förderung menschlicher Erkenntnis für den Förderer und den Geförderten gleich verderblich wirkt."

Hiermit verweist Nietzsche auch auf die innere Verwobenheit der Wahrheitsfrage mit der Lebensauffassung und dem Kunstverständnis, das anhand der beschriebenen wirkenden Kräfte des Dionysischen und Apollinischen, einander schroff entgegengesetzt und aufeinander angewiesen, von ihm eindrücklich dargelegt wird.

Was ist Wahrheit?

Friedrich Nietzsches erkenntnistheoretische Reflexionen verbinden die Annahme der Unmöglichkeit objektiver Erkenntnis mit einem vieldeutigen, auch vielschichtigen Prinzip des Perspektivismus, mit einer Pluralität möglicher Betrachtungsweisen, die auch zu einer ebensolchen Vielfalt von Morallehren führt, welche aber mit je subjektiv angemaßtem Anspruch bedenkliche Konsequenzen zeitigen können – unlimitierbare Forderungen aufgrund der Absolutsetzung eines bestimmten ethischen Regelsystems.

In „Über Wahrheit und Lüge in außermoralischem Sinn" beschreibt Nietzsche die Genese menschlichen Erkennens auf die ihm eigene Weise, metaphorisch umkleidet. Im äußersten Winkel einer Galaxie, so sagt er, erfand ein „kluges Tier", also der Mensch, das Erkennen, und dies sei zugleich die „hochmütigste und verlogenste Minute" dessen gewesen, was Weltgeschichte genannt wird. Denn welche Dauer hat das menschliche Dasein im Ganzen des Universums? Nietzsche fährt fort: „Nach wenigen Atemzügen der Natur erstarrte das Gestirn, und die klugen Tiere mussten sterben." Damit endet die Geschichte der Erkenntnis, kaum dass sie begonnen hat, ob dies nun einige tausend oder hunderttausend Jahre währen mag – in Hinsicht auf das Universum bleibt nicht viel, mithin gar nichts zurück.

Der „menschliche Intellekt" – „es gab Ewigkeiten, in denen er nicht war; wenn es wieder mit ihm vorbei ist, wird sich nichts begeben haben" – spielt somit eine höchst nachgeordnete Rolle. Das einzige Lebewesen, das dies für wichtig erachtet und überhaupt von diesen Reflexionen Notiz nimmt, ist der Mensch selbst und wird es immer bleiben, vergänglich als Individuum, aber auch als Gattung: „Denn es gibt für jenen Intellekt keine weitere Mission, die über das Menschenleben hinausführte. Sondern menschlich ist er, und nur sein Besitzer und Erzeuger nimmt ihn so pathetisch, als ob die Angeln der Welt sich in ihm drehten. Könnten wir uns aber mit der Mücke verständigen, so würden wir vernehmen, dass auch sie mit diesem Pathos durch die Luft schwimmt und in sich das fliegende Zentrum dieser Welt fühlt. Es ist nichts so verwerflich und gering in der Natur, was nicht durch einen kleinen Anhauch jener Kraft des Erkennens sofort wie ein Schlauch aufgeschwellt würde; und wie jeder Lastträger seinen Bewunderer haben will, so meint gar der stolzeste Mensch, der Philosoph, nach allen Seiten die Augen des Weltalls teleskopisch auf sein Handeln und Denken gerichtet zu sehen."

Hochmütig irrt der Mensch durch „verblendende Nebel", bis er zu Staub zerfällt. Doch spielt er vorab die Komödie des Lebens, mit Schmeichelei, Lug und Trug, mit dem Bedürfnis nach Repräsentation und Geltung, in „verhüllender Konvention“ maskiert, eitel zudem im „Bühnenspiel“ des Alltags, so dass es staunen macht, dass in ihm ein „reiner Trieb zur Wahrheit“ zu wirken beginnt, da er doch „tief eingetaucht in Illusionen und Traumbilder“ auf der „Oberfläche der Dinge“ sich bewegt, zu erkennen meint und doch fortwährend in Täuschung und Illusion lebt: „Die Natur warf den Schlüssel weg: und wehe der verhängnisvollen Neubegier, die durch eine Spalte einmal aus dem Bewusstseinszimmer heraus und hinabzusehen vermöchte und die jetzt ahnte, dass auf dem Erbarmungslosen, dem Gierigen, dem Unersättlichen, dem Mörderischen der Mensch ruht, in der Gleichgültigkeit seines Nichtwissens, und gleichsam auf dem Rücken eines Tigers in Träumen hängend. Woher, in aller Welt, bei dieser Konstellation der Trieb zur Wahrheit!“

Der Mensch, das „Herdentier“, wird von „Not und Langeweile“ getrieben, also entwickelt er die Sehnsucht nach Wahrheit. Doch was ist Wahrheit? In der Sprache entdeckt man sogleich das Spiel mit der Lüge, verwendet der Lügner doch gültige Bezeichnungen der Worte, um Unwirkliches als wirklich auszugeben. Nicht aber das Betrogenwerden fürchtet der Mensch, eher das Beschädigtsein durch Betrug. Er möchte nur die angenehmen Formen der Wahrheit wissen, was das Leben erhält und stärkt, was ihn in seinem gefährdeten Dasein bereichert. Die Sprache ist nicht der adäquate Ausdruck für die Wirklichkeit. Nietzsche schreibt: „Nur durch Vergesslichkeit kann der Mensch je dazu kommen zu wähnen: er besitze eine Wahrheit in dem eben bezeichneten Grade. Wenn er sich nicht mit der Wahrheit in der Form der Tautologie, d. h. mit leeren Hülsen begnügen will, so wird er ewig Illusionen für Wahrheiten einhandeln. Was ist ein Wort? Die Abbildung eines Nervenreizes in Lauten ... Wir glauben etwas von den Dingen selbst zu wissen, wenn wir von Bäumen, Farben,

Schnee und Blumen reden und besitzen doch nichts als Metaphern der Dinge, die den ursprünglichen Wesenheiten ganz und gar nicht entsprechen. Wie der Ton als Sandfigur, so nimmt sich das rätselhafte X des Dings an sich einmal als Nervenreiz, dann als Bild, endlich als Laut aus. Logisch geht es also jedenfalls nicht bei der Entstehung der Sprache zu, und das ganze Material, worin und womit später der Mensch der Wahrheit, der Forscher, der Philosoph arbeitet und baut, stammt, wenn nicht aus Wolkenkuckucksheim, so doch jedenfalls nicht aus dem Wesen der Dinge."

Begriffe werden gebildet, und Ungleiches wird gleichgesetzt. So ist beispielsweise mitunter von „dem Elefanten" die Rede, als ob alle Elefanten gleich seien. Der Mensch übersieht das Individuelle, verkennt die Wirklichkeit, wie sie ist, und bildet für diese eine Form, die er Begriff nennt, mit welcher alle Unterschiede getilgt werden, eine anthropomorphe Bestimmung, die mit dem Wesen der Dinge nichts gemein hat. Eine dogmatische Behauptung wird aufgestellt, die eine bloße Setzung und so unbeweisbar ist wie ihr Gegenteil, ob man diese nun aus einer ersten angenommenen, für bewiesen erachteten Ursache oder aus der Erfahrung nimmt. Nietzsche schreibt: „Was ist also Wahrheit? Ein bewegliches Heer von Metaphern, Metonymien, Anthropomorphismen, kurz eine Summe von menschlichen Relationen, die, poetisch und rhetorisch gesteigert, übertragen, geschmückt wurden, und die nach langem Gebrauche einem Volke fest, kanonisch und verbindlich dünken: die Wahrheiten sind Illusionen, von denen man vergessen hat, dass sie welche sind, Metaphern, die abgenutzt und sinnlich kraftlos geworden sind, Münzen, die ihr Bild verloren haben und nun als Metall, nicht mehr als Münzen in Betracht kommen ... Alles, was den Menschen gegen das Tier abhebt, hängt von dieser Fähigkeit ab, die anschaulichen Metaphern zu einem Schema zu verflüchtigen, also ein

Bild in einem Begriff aufzulösen; im Bereich jener Schemata nämlich ist etwas möglich, was niemals unter den anschaulichen ersten Eindrücken gelingen möchte: eine pyramidale Ordnung nach Kasten und Graden aufzubauen, eine neue Welt von Gesetzen, Privilegien, Unterordnungen, Grenzbestimmungen zu schaffen, die nun der anderen anschaulichen Welt der ersten Eindrücke gegenübertritt als das Festere, Allgemeinere, Bekanntere, Menschlichere und daher als das Regulierende und Imperativische." Der Mensch bildet Metaphern und Begriffe, bringt diese, wie die gesamte Ordnung der Erkenntnis, so auch jene der Gesellschaft, in ein System, aber statt dass er sich des illusionären Charakters seiner Schöpfungen, der Unterlegenheit dieser unter die Macht der Natur bewusst ist, nimmt er die Metaphern für die Dinge selbst, legt ihnen einen Wert bei, den sie nicht besessen haben und auch nicht besitzen können – und paradoxerweise leitet er sogar sein Selbstbewusstsein aus der vermeintlichen Erkenntnis von bloßen Metaphern her.

Nietzsche verweist nun auf den Menschen, der kraft seiner Intuition das „Bretterwerk der Begriffe" kühn zertrümmert und neu zusammensetzt, „das Fremdeste paarend und das Nächste trennend" – und so zeigt, dass er die „Notbehelfe der Bedürftigkeit" nicht nötig hat, dass er in diesem zerstörerischen und zugleich schöpferischen Tun nicht von Begriffen, sondern von Intuitionen geführt wird: „Von diesen Intuitionen aus führt kein regelmäßiger Weg in das Land der gespenstischen Schemata, der Abstraktionen: für sie ist das Wort nicht gemacht, der Mensch verstummt, wenn er sie sieht, oder redet in lauter verbotenen Metaphern und unerhörten Begriffsfügungen, um wenigstens durch das Zertrümmern und Verhöhnen der alten Begriffsschranken dem Eindrucke der mächtigen gegenwärtigen Intuition schöpferisch zu entsprechen."

Besonders im Schmerz, im Leiden erfährt der Mensch eine eigentümliche Aufhellung seiner selbst, dann sträubt er sich gegen die abstrakte Begrifflichkeit, von der er umgeben ist, sperrt sich gegen die alltäglichen Formeln und den schalen Geschmack billigen Trostes, und während er leidet, spürt er, dass das, was ihm als Wahrheit entgegentreten soll in dem begrifflichen Gewand, in der Metapher, nur leer und stumpf ist: „Im Leide ist er dann ebenso unvernünftig wie im Glück, er schreit laut und hat keinen Trost." So schrie auch Nietzsche, der leiden musste, aber auch jene sah, die sich zu verbergen und zu verstellen wussten, Stoikern gleich, vielleicht auch Christen, die als Fügung auffassen, was einen anderen Menschen doch bitter leidend macht, und sich von den Misshelligkeiten des Daseins nicht beeindrucken lassen, ja darin wahlweise die vernünftige Natur oder den unbegreiflichen, undurchschaubaren Willen eines höchsten Wesens walten sehen: „Wie anders steht unter dem gleichen Missgeschick der stoisch, an der Erfahrung belehrte, durch Begriffe sich beherrschende Mensch da! Er, der sonst nur Aufrichtigkeit, Wahrheit, Freiheit von Täuschung und Schutz vor bedrückenden Überfällen sucht, legt jetzt, im Unglück, das Meisterstück der Verstellung ab, wie jener im Glück; er trägt kein zuckendes und bewegliches Menschengesicht, sondern gleichsam eine Maske mit würdigem Gleichmaße der Züge, er schreit nicht und verändert nicht einmal seine Stimme. Wenn eine rechte Wetterwolke sich über ihn ausgießt, so hüllt er sich in seinen Mantel und geht langsamen Schrittes unter ihr davon."

Beschließen wir dieses Kapitel zur Wahrheitsfrage mit Reflexionen über den Nutzen von Illusionen, die der Philosoph über die „Zukunft der Wissenschaft" in „Menschliches, Allzumenschliches" angestellt hat, und in deren Licht man vielleicht auch seine eigenen Überlegungen zur Frage, was Wahrheit sei, betrachten kann: „Die Wissenschaft gibt dem, welcher in ihr arbeitet und sucht, viel Vergnügen, dem, welcher ihre Ergebnisse lernt, sehr wenig. Da allmählich aber alle wichtigen Wahrheiten der Wissenschaft alltäglich und gemein werden müssen, so hört auch dieses wenige Vergnügen einmal auf: so wie wir beim Lernen des so bewunderungswürdigen Einmaleins längst aufgehört haben, uns zu freuen. Wenn nun die Wissenschaft immer weniger Freude durch sich macht und immer mehr Freude, durch Verächtigung der tröstlichen Metaphysik, Religion und Kunst, nimmt: so verarmt jene größte Quelle der Lust, welcher die Menschheit fast ihr gesamtes Menschentum verdankt. Deshalb muss eine höhere Kultur dem Menschen ein Doppelgehirn, gleichsam zwei Hirnkammern geben, einmal um Wissenschaft, sodann um Nicht-Wissenschaft zu empfinden: nebeneinander liegend, ohne Verwirrung, trennbar, abschließbar; es ist dies eine Forderung der Gesundheit. Im einen Bereiche liegt die Kraftquelle, im anderen der Regulator: mit Illusionen, Einseitigkeiten, Leidenschaften muss geheizt werden, mit Hilfe der erkennenden Wissenschaft muss den bösartigen und gefährlichen Folgen der Überheizung vorgebeugt werden. – Wird dieser Forderung der höheren Kultur nicht genügt, so ist der weitere Verlauf der menschlichen Entwicklung fast mit Sicherheit vorherzusagen: das Interesse am Wahren hört auf, je weniger es Lust gewährt; die Illusion, der Irrtum, die Fantastik erkämpfen sich Schritt um Schritt, weil sie mit Lust verbunden sind, ihren ehemals behaupteten Boden: der Ruin der Wissenschaften, das Zurücksinken in Barbarei ist die nächste Folge; von Neuem muss die Menschheit wieder anfangen, ihr Gewebe zu weben, nachdem sie es, gleich Penelope, des Nachts zerstört hat. Aber wer bürgt uns dafür, dass sie immer wieder die Kraft dazu findet?“

Die Selbstaufhebung aller großen Dinge und das asketische Ideal

Nietzsche seziert buchstäblich die christliche Moralauffassung in vielen Schriften. Die geistige Entwicklung wird beschrieben als Weg zum Nihilismus, zur Entwertung der bestehenden Werte und somit auch zur Auflösung des Bewusstseins einer Sinnhaftigkeit, die das Leben tragen und halten könnte. Wer auf das „Warum" des Daseins eine Antwort kennt, erträgt fast jedes „Wie" – doch wem die Gewissheit einer solchen Antwort fehlt, der gerät in den Strudel der Angst, weil er das führende Ziel verloren hat. Einem solchen Menschen fehlt die bescheidene Einstimmigkeit in seinem Leben. Die christliche Moral ist zugrunde gegangen, nach Nietzsche an ihrem eigenen Anspruch, wie alle großen Dinge – wozu neben den Religionen, die mit absolutem Anspruch verfochten werden, auch Weltanschauungen wie der Kommunismus gezählt werden können, die mehr versprechen, als sie zu halten imstande sind – durch den hohen, ja überhöhten Anspruch, mit dem der Mensch konfrontiert wird und den er nicht zu erfüllen vermag.

In „Die fröhliche Wissenschaft" schreibt Nietzsche, dass die Selbstaufhebung des christlichen Glaubens bewirkt sei durch die „christliche Moralität selbst", den immer strenger genommenen „Begriff der Wahrhaftigkeit, die Beichtväter-Feinheit des christlichen Gewissens, übersetzt und sublimiert zum wissenschaftlichen Gewissen, zur intellektuellen Sauberkeit um jeden Preis", und er zählt weiterhin die Versuche der Beweisbarkeit Gottes ebenso dazu wie Deutungen der Weltgeschichte, in welchen sich scheinbar die göttliche Vernunft offenbare „als beständiges Zeugnis einer sittlichen Weltordnung und sittlicher Schlussabsichten; die eigenen Erlebnisse auslegen, wie sie fromme Menschen lange genug ausgelegt haben, als ob alles Fügung, alles Wink, alles dem Heil der Seele zu Liebe ausgedacht und geschickt sei". Diese vermeintlichen Prüfungen seien von den „feineren Gewissen" als unanständig erkannt worden, so dass das Christentum am eigenen Anspruch scheiterte, an der Überhöhung des Dogmas, an der unbedingten Wahrhaftigkeit, die sich zuletzt gegen den Verkünder dieser selbst richtet: „Dergestalt ging das Christentum als Dogma zu Grunde, an seiner eigenen Moral; dergestalt muss nun auch das Christentum als Moral noch zu Grunde gehen, – wir stehen an der Schwelle dieses Ereignisses. Nachdem die christliche Wahrhaftigkeit einen Schluss nach dem anderen gezogen hat, zieht sie am Ende ihren stärksten Schluss, ihren Schluss gegen sich selbst; dies aber geschieht, wenn sie die Frage stellt: ‚was bedeutet aller Wille zur Wahrheit?' … welchen Sinn hätte unser ganzes Sein, wenn nicht den, dass in uns jener Wille zur Wahrheit sich selbst als Problem zum Bewusstsein gekommen wäre? … An diesem Sich-bewusst-werden des Willens zur Wahrheit geht von nun an – daran ist kein Zweifel – die Moral zu Grunde …"

Der Mensch, das „nicht festgestellte Tier", sucht fortwährend den Sinn seines Daseins, aber die befriedigende Antwort bleibt aus. Ziellos erscheint sein Leben, doch bleibt er inwendig behelligt von der Frage, auf die er nichts zu erwidern weiß: „wozu Mensch überhaupt?" –, es mangelt ihm an einer verständlich artikulierten wie intellektuell verstehbaren Antwort. Er hört auf diese große Frage nichts als „ein noch größeres ‚Umsonst!'". Nietzsche hat schon vorher erwähnt, wie Menschen sich zu betäuben versuchen, durch eine Art „maschinaler" Tätigkeit, durch ein Tun, das „Segen der Arbeit" genannt werde: „Die Erleichterung besteht darin, dass das Interesse des Leidenden grundsätzlich vom Leiden abgelenkt wird, – dass beständig ein Tun und wieder nur ein Tun ins Bewusstsein tritt und folglich wenig Platz darin für Leiden bleibt: denn sie ist eng, diese Kammer des menschlichen Bewusstseins! Die maschinale Tätigkeit und was zu ihr gehört – wie die absolute Regularität, der pünktliche besinnungslose Gehorsam, das Ein-für-alle-Mal der Lebensweise, die Ausfüllung der Zeit, eine gewisse Erlaubnis, ja eine Zucht zur ‚Unpersönlichkeit', zum Sich-selbst-Vergessen …"

Doch die Sinnlosigkeit tritt zutage, sie kann dauerhaft nicht verdrängt werden. Die Lücke bleibt, und geschlossen wird sie nur vom asketischen Ideal, das das Dasein rechtfertigt, dem Ganzen der menschlichen Existenz einen Sinn verleiht, denn das Leiden entzündet sich nicht buchstäblich an dem Leid selbst, das der Mensch erfährt, sondern an dem Defizit eines tragenden, führenden Sinns. Auch wenn der Mensch leidet, möchte er wenigstens verstehen, zu welchem Zweck er dies tut, warum ihm dies widerfährt, und so bleibt die bohrende Frage des „Warum": „Er litt auch sonst, er war in der Hauptsache ein krankhaftes Tier: aber nicht das Leiden selbst war sein Problem, sondern dass die Antwort fehlte für den Schrei der Frage ‚wozu leiden?'. Der Mensch, das tapferste und leidgewohnteste Tier verneint an sich nicht das Leiden: er will es, er sucht es selbst auf, vorausgesetzt, dass man ihm einen Sinn dafür aufzeigt, ein Dazu des Leidens. Die Sinnlosigkeit des Leidens, nicht das Leiden, war der Fluch, der bisher über der Menschheit ausgebreitet lag, – und das asketische Ideal bot ihr einen Sinn!" Ob der dem asketischen Ideal innewohnende Sinn nun so überzeugend war, das lässt Nietzsche offen, ja selbst wenn es nur bedingt die Lücke der leidvoll erfahrenen Sinnlosigkeit schließen konnte, so war dies, so ungenügend es erscheinen mochte, wenigstens vorläufig oder sogar dauerhaft geklärt, „besser als gar kein Sinn", wie der Philosoph sagt, denn die „ungeheure Leere schien ausgefüllt; die Tür schloss sich vor allem selbstmörderischen Nihilismus".

Aber das asketische Ideal brachte auch neue Probleme mit sich, „neues Leiden“, das inwendig arbeitete, ein „giftigeres, am Leben nagenderes“ durch die „Perspektive der Schuld“, aus dem es für die sich als sündhaft beurteilende Kreatur Mensch letztlich kein Entrinnen gab – „man frage nur Irrenärzte, was eine methodische Anwendung von Buß-Quälereien, Zerknirschungen und Erlösungskrämpfen immer mit sich führt“ –, aber es bot vordergründig eine Antwort auf die bedrängende Frage: „... der Mensch war damit gerettet, er hatte einen Sinn, er war fürderhin nicht mehr wie ein Blatt im Winde, ein Spielball des Unsinns, des ‚Ohne-Sinns‘, er konnte nunmehr Etwas wollen, – gleichgültig zunächst, wohin, wozu, womit er wollte: der Wille selbst war gerettet.“ Doch es lässt sich nicht verbergen, aus welcher Quelle das asketische Ideal selbst stammt, woher es seine Ausrichtung erhalten hat, aus dem Hass gegen das Menschliche und Animalische, aus dem „Abscheu vor den Sinnen“ und auch vor der Vernunft, aus der der „Furcht vor dem Glück und der Schönheit“. Darin zeigt sich ein „Wille zum Nichts“, ein „Widerwille gegen das Leben“, der aber zum Schluss der gesuchte Wille bleibt, welcher die Stabilität verleiht, jedoch nicht mehr ist als der Weg zum Nihilismus, der paradoxerweise gewollt wird, denn „lieber noch will der Mensch das Nichts wollen als nicht wollen ...“ – lieber wählt, nach Nietzsche, der Mensch das asketische Ideal in seiner nihilistischen Konsequenz als das genügsame Zufriedensein, das auch möglich wäre, das „nicht wollen“, das sich bescheidende Dasein ohne jede Furcht vor Glück und Schönheit, im dankbaren Genuss der flüchtigen Güter, die das Leben bietet.

Nietzsche und die Frage nach Gott

War Nietzsche der Atheist, zu dem ihn der schweizerische Theologe Walter Nigg stilisierte, ein „großer Unheiliger"? Wer Nietzsches Werke aufmerksam liest, wird vorsichtig mit solchen Zuschreibungen. Bei diesem Philosophen findet sich keine Spur eines billigen Triumphes über die als schmerzlich empfundene Erkenntnis, dass Gott tot ist – und die Menschen, denen dieser „Tod Gottes" verkündet wird, reagieren darauf in ihrer geschäftigen Gleichgültigkeit; servil, beflissen und selbstgewiss wie zuvor, fahren sie gänzlich unbeeindruckt fort in ihrem stumpfsinnigen Tun und Treiben. Friedrich Nietzsche erlebte diese Einsicht als tiefe Erschütterung. Mit Redlichkeit argumentierend wandte er sich der Gottesfrage zu, fortwährend ringend, einem modernen Hiob gleich – wie dies Gerd-Günther Grau in seinen Studien zu Nietzsche darlegte –, der wahrhaftig nach der intellektuellen Rechtschaffenheit Gottes fragte und diese einforderte.

Besonders in „Also sprach Zarathustra", im vierten Buch, im Kapitel „Ausser Dienst", in welchem Nietzsche die Begegnung zwischen Zarathustra und dem „letzten Papst" schildert, spiegeln sich die Reflexionen dieses Philosophen in der Anklage gegen Gott wider. Er vermag an diesen nicht zu glauben, kann aber doch von der Auseinandersetzung mit ihm nicht lassen. In dem Zwiegespräch mit dem „letzten Papst" wird die bittere Resignation sichtbar, in welcher der „letzte Papst" darlegt, dass die „Verborgenheit Gottes", die Heimlichkeit dessen, der „auf Schleichwegen" in die Welt gelangte – „An der Tür seines Glaubens steht der Ehebruch." –, auch jenen Mann schmerze, dem nichts bleibt als „ein Fest frommer Erinnerungen und Gottesdienste", und der auch seine Zweifel eingesteht, die er weder vor sich noch vor Zarathustra verstecken möchte: „Wer ihn als einen Gott der Liebe preist, denkt nicht hoch genug von der Liebe selber. Wollte dieser Gott nicht auch Richter sein? Aber der Liebende liebt jenseits von Lohn und Vergeltung." Dieser Gott, „weltmüde, willensmüde", starb am Kreuz, „erstickte eines Tags an seinem allzu großen Mitleiden". Nietzsches Zarathustra erwidert darauf, dass es viele Hypothesen und Betrachtungen, viele Deutungen gebe, die stimmen könnten oder auch nicht, dass aber an dem Faktum vom Tod Gottes nicht zu rütteln sei.

Nun fängt Zarathustra an, nach der Redlichkeit Gottes zu fragen und beklagt die Undurchsichtigkeit seiner Weisungen. Warum sprach er in Gleichnissen? Wozu bediente er sich zahlloser Rätsel und Mysterien? Wollte er etwas verbergen, hatte er Freude daran, dass die Menschen, die ihm folgten, seinen Willen erahnen oder erraten sollten? Nietzsches Zarathustra sagt: „Ich liebe alles, was hell blickt und redlich redet. Aber er – du weißt es ja, du alter Priester, es war etwas von deiner Art an ihm, von Priester-Art – er war vieldeutig." Dieser Gott ließ Spielräume für Interpretationen. Er forderte zur Nachfolge auf. Die Menschen sollten seinen Willen tun, aber er artikulierte seinen Willen nicht deutlich, und ihm missbehagte, wenn er nicht verstanden wurde. Dies wurde als Lieblosigkeit gescholten, als mangelnde Qualität sichtbar gemacht, als Schuld bei dem Individuum gesehen, das doch höchstens bis zu einem gewissen Grad verantwortlich war für sein eigenes Unverständnis. Es heißt weiter: „Er war auch undeutlich. Was hat er uns darob gezürnt, dieser Zornschnauber, dass wir ihn schlecht verstünden! Aber warum sprach er nicht reinlicher?"

Die Anklagepunkte werden fortgesetzt, im Ringen mit einer Frage, die den Philosophen nicht loslässt, von der er nicht lassen kann. Er fragt mit der äußersten Wahrhaftigkeit, die ihm nur möglich ist: „Und lag es an unsern Ohren, warum gab er uns Ohren, die ihn schlecht hörten? War Schlamm in unsern Ohren, wohlan! wer legte ihn hinein?" Nietzsches Zarathustra rechtet mit dem Gott, an den zu glauben er sich außerstande sieht, und benennt schließlich, was am stärksten gegen Gott vorgebracht werden kann, die „Sünde wider den *guten Geschmack*", nämlich dass ihm, „diesem Töpfer, der nicht ausgelernt hatte", so vieles missriet. Dies aber wurde den „Töpfen und Geschöpfen", den Menschen also, zum Vorwurf gemacht, „dass er aber Rache an seinen Töpfen und Geschöpfen nahm, dafür dass sie ihm schlecht gerieten", das ist für Nietzsches Zarathustra die besagte schwere Sünde. Als Antwort darauf bleibt eine Frömmigkeit, die gleichfalls Geschmack beweist, im besten Sinne, nämlich die Abkehr von einem Gott mit all jenen Unzulänglichkeiten, Bosheiten und Rachegelüsten: „Lieber keinen Gott, lieber auf eigne Faust Schicksal machen, lieber Narr sein, lieber selber Gott sein!"

Nach dieser Rede schweigt Zarathustra. Sein Gesprächspartner hat ihm aufmerksam zugehört und erwidert: „Oh Zarathustra, du bis frömmer als du glaubst mit einem solchen Unglauben! Irgendein Gott in dir bekehrte dich zu deiner Gottlosigkeit. Ist es nicht deine Frömmigkeit selber, die dich nicht mehr an einen Gott glauben lässt? Und deine übergroße Redlichkeit wird dich auch noch jenseits von Gut und Böse wegführen! Siehe doch, was blieb dir aufgespart? Du hast Augen und Hand und Mund, die sind zum Segnen vorherbestimmt seit Ewigkeit. Man segnet nicht mit der Hand allein."

Frömmer, als er selbst annehme, sei Nietzsches Zarathustra in der radikalen Redlichkeit seiner Gottlosigkeit, weil er leidenschaftlich um den Glauben ringend zu der Einsicht gelangt, dass er an diesen Gott nicht zu glauben weiß, aber in der Redlichkeit selbst, durch die Aufrichtigkeit seiner Gesinnung, Worte findet, die den „alten Papst" tief bewegen, weil sie authentisch sind, nicht geheuchelt, geradlinig, ernst und entschieden. Zarathustra, der am liebsten „jedweden Traurigen wieder auf festes Land und feste Beine stellen" möchte, weiß, dass dies mit der alten Religiosität nicht gelingt, denn der Glaube an diesen Gott ist gründlich erschüttert, ohne Fundament, geborsten wie die neuzeitlich-rationalistische Metaphysik, wie die mit absolutem Anspruch vertretene dogmatische Moral des Christentums. Die Spannung aber, die bestehen bleibt, ist das beherzte, geradezu verzweifelte Hadern, der innere Widerstreit, der sichtbar wird, die Frömmigkeit des Gottlosen, der gern geglaubt hätte, dies aber aus intellektueller Redlichkeit heraus nicht tun kann. So schreibt Friedrich Nietzsche, dessen Verhältnis zur Religion in dieser Auseinandersetzung sichtbar wird, in einem Brief vom 2. Juli 1885 an Franz Overbeck: „Mir besteht mein Leben jetzt in dem Wunsche, dass es mit allen Dingen anders stehen möge, als ich sie begreife; und dass mir Jemand meine ‚Wahrheiten' unglaubwürdig mache."

Konturen des „Willen zur Macht"

Zwei Wendungen wurden jahrzehntelang aus Nietzsches Werk herausgelöst: die „Umwertung aller Werte" sowie der „Wille zur Macht", – mit dem, was man aus der Summe seiner Betrachtungen hierzu glaubte erkennen zu können, wurde Nietzsches Philosophie glorifiziert wie stigmatisiert, vermutlich auch nicht selten verkannt. Da das Werk „Der Wille zur Macht" von dem Philosophen selbst nicht abgeschlossen wurde, blieb es bei einer problematisch zusammengestellten Zitatsammlung von Nachlassfragmenten, die wenige Jahre nach seinem Tod herausgegeben wurde. Mehr als Grundzüge hiervon lassen sich aber nicht erkennen, daher erklärt sich die vorsichtige Beifügung in der Überschrift dieses Kapitels – denn nur einige Konturen von „Der Wille zur Macht" lassen sich darlegen.

Nietzsche wollte eine neue Interpretation der Welt vorlegen, mit der die „perspektivisch innere Vielheit" des Geschehens letztlich treffend ausgedeutet werden sollte, sozusagen die Deutung aller Deutungen, die einen grundsätzlichen Bruch mit den bestehenden Mustern ähnlicher Art herbeiführte. Dabei wusste Nietzsche selbst, dass jede Interpretation eigentlich insoweit nur vorläufigen Charakters sein kann, als das zu deutende Geschehen selbst zu keinem Abschluss gelangt, da es sich im Werden in der Zirkularität der ewigen Wiederkehr des Gleichen befindet, und dass es demzufolge auch unmöglich ist, eine Totalanschauung von der Welt zu gewinnen. Indessen meinte er die innere Folge dieses kreisförmigen, sich selbst gleichbleibenden Wandels erkennen und die treibenden Kräfte dieser Bewegung, die Strukturgesetze des Werdens und Vergehens, analysieren zu können. Dennoch bemühte sich Nietzsche um eine neue Anschauung der Welt, ein absolut gültiges Deutungsmuster, dessen Möglichkeit von ihm selbst andernorts bestritten wurde. Dies ist ihm selbst bewusst, hindert ihn aber nicht, diesen Gedanken zu verfolgen. Das Gesuchte wird wie folgt beschrieben: „Das müsste etwas sein, nicht Subjekt, nicht Objekt, nicht Kraft, nicht Stoff, nicht Geist, nicht Seele: – aber man wird mir sagen, etwas dergleichen müsse einem Hirngespinste zum Verwechseln ähnlich sehen? Das glaube ich selber: und schlimm, wenn es das nicht täte! Freilich: es muss auch allem Anderen, was es gibt und geben könnte, und nicht nur dem Hirngespinste, zum Verwechseln ähnlich sehen! Es muss den großen Familienzug haben, an dem sich Alles mit ihm verwandt wiedererkennt. –"

Zunächst versucht Nietzsche dies mit dem Begriff „Leben" zu fassen, später formt er hierfür die Wendung „Wille zur Macht", die die gesamte Tendenz organischen Lebens umschließen soll, so dass „das innerste Wesen des Seins Wille zur Macht" genannt wird, die Innenansicht des Lebendigen, ihr verborgenes Zentrum. Nietzsche charakterisiert in seinen Werken und in den Fragmenten des Nachlasses vielfältige Bestimmungen, die in der Wendung „Wille zur Macht" zusammenfallen. Hierzu gehört die Distanzierung und Abgrenzung, die der Mensch vornimmt, um sich selbst zu bestimmen, die Setzung der Werte, die im Fluss des Werdens aufgenommen werden und denen sich die Lebewesen unterwerfen, weil sie gehorchen wollen, die sie aber auch wieder überwinden, also entwerten müssen.

Zur Wertsetzung und zum Willen sowie zu den exemplarisch aufgeführten Forderungen von Befehl und Gehorsam tritt das Lustgefühl hinzu, ebenso die Unlust des Unterworfenen, darum sehen wir mit Nietzsche, dass dieser Wille nach Erweiterung und Wachstum strebt, besonders auch nach höherer Kultur, also nach einer geistigen Reifung, die das Erstarrte, woran nur Ungenügen empfunden wird, selbst überwindet. Das Leben wird als ein Kampf vorgestellt, als ein Widerstreit, in Abgrenzung von anderen Menschen und von Belastendem. Das Leben wird als etwas verstanden, „was sich immer selber überwinden muss", das „etwas von sich abstoßen", sich befreien, sich erweitern, sich entwickeln muss. Der Mensch sucht Widerstände, um sich an ihnen abzuarbeiten, um sich zu bewähren und um zu wachsen, aber er macht auch die Erfahrung von „Schmerz und Widerspruch": „Der Wille zur Macht strebt nach Widerständen, nach Unlust. Es gibt einen Willen zum Leiden im Grunde alles organischen Lebens." Damit sucht dieser „Wille zur Macht" Konflikt und Auseinandersetzung, erfährt sich selbst im Leiden, das er wählt statt der stumpfen Biederkeit beliebiger Dauer. Dieser „Wille zur Macht" strebt nach Herausforderung und Bewährung: „Die Liebe zum Leben ist beinahe der Gegensatz zu der Liebe zum Lang-Leben. Alle Liebe denkt an den Augenblick und die Ewigkeit, – aber nie an die ‚Länge'." Die rauschvolle

Intensität des erfüllten Augenblicks wird gesucht, in welcher mitten in der Zeit die begrenzte Dauer wie ein Ausdruck der Ewigkeit aufscheint und erfahren wird, dies hat Nietzsche auch in seiner Deutung der Gestalt Jesu als radikal beglückende Diesseitigkeit beschrieben, als ekstatisch erfahrene Lust, die er in „Der Anti-Christ" das „Himmelreich des Herzens" nennt.

Die treibende Kraft des Lebens wird also bestimmt als Wille, der über den bloßen Selbsterhalt hinausreicht: „Denn: was nicht ist, das kann nicht wollen; was aber im Dasein ist, wie könnte das noch zum Dasein wollen! Nur wo Leben ist, da ist auch Wille, aber nicht Wille zum Leben, sondern Wille zur Macht." Dieser Wille wirkt nicht in verstreuten, ihrer selbst gewissen und genauso selbstgewissen „Subjekt-Atomen", sondern übergreift die begrenzte Sphäre jenseits der unaufhebbaren „Vergänglichkeit und Flüchtigkeit des Subjekts" in dem Prozess des Lebens selbst.

Unter Macht ist nicht primär politische Macht zu verstehen. Mächtige können sich als geradezu ohnmächtig erweisen durch die ihnen eigene Torheit und Kulturlosigkeit. Die politische Macht sei zudem verdummend und langweilig. Nicht zwingend verfügt über die höheren Werte, wer im Gemeinwesen die Macht ausübt, was Nietzsche anschaulich am Beispiel der Römer zeigt, die zwar die Mächtigeren, aber nicht geistig Höheren gewesen seien. Insofern siegten in der Antike die Törichten über die geistig Mächtigen, die Griechen nämlich, von denen aber durch die Niederlage und den Status der Ohnmacht auch nichts als „Stück und Schatten" blieb, so dass nicht der „höchste Mensch" regierte, sondern ein kindischer Narr, ein lautstark brüllender Bescheidwisser, ein plebejischer, talentloser Niemand: „Es gibt kein härteres Unglück in allem Menschen-Schicksale, als wenn die Mächtigen der Erde nicht auch die ersten Menschen sind. Da wird alles falsch und schief und ungeheuer." Trotzdem setzen sich solche Menschen oft durch, im Gefolge sammeln sich ihre „Herden", die von Neid und Rache getrieben sind, während in dieser Typisierung den Starken das Pathos erfüllt: „Der starke Mensch, mächtig in den Instinkten einer starken Gesundheit, verdaut seine Taten ganz ebenso, wie er die Mahlzeiten verdaut; er wird mit schwerer Kost selbst fertig." Doch manches Mal unterliegt er der Macht der Vielheit. Nietzsche versucht dies zu erklären mit den ringenden Machtwillen, die als aufsteigendes und absteigendes Leben vorgestellt werden können, als „Wille zum Leben" und als „Wille zum Nichts". Zu den organisierten Schwachen wollte Nietzsche nicht sprechen. Diese bedrohen durch ihre Überzahl die Glücklichen, die Stärksten, die so doch dem Machtwillen der Ohnmächtigen, welcher die Macht abschätzig beurteilt, unterliegen. Die Menschen, die schon eine höhere Kultur besitzen, streben nicht nach Macht in einem äußerlichen Sinne, verräterisch sei es, wenn jemand nach einer vordergründig sichtbaren Größe strebe, um „Kleinheit" sind die „Menschen der besten Qualität" bemüht. So schreibt Nietzsche: „Ich rede nicht zu den Schwachen: diese wollen gehorchen und stürzen überall auf die Sklaverei los … ich habe die Kraft gefunden, wo man sie nicht sucht, in einfachen milden Menschen ohne den geringsten Hang zum Herrschen."

Im „Willen zur Macht" erfährt der Mensch eine „Steigerung des Machtgefühls" in der Überwindung seiner selbst. Er sucht das „große Stimulans des Lebens" auch zur Entfaltung der Schönheit. Schließlich zeigt dies sich dann auch in der organischen Natur, in welcher der „Wille zur Macht" die Organisation steigert, das Leben optimiert und erhöht, „dass die anscheinende Zweckmäßigkeit (die aller menschlichen Kunst unendlich überlegene Zweckmäßigkeit) bloß die Folge jenes in allem Geschehen sich abspielenden Willens zur Macht ist –:

dass das Stärkerwerden Ordnungen mit sich bringt, die einem Zweckmäßigkeits-Entwurf ähnlich sehen –: dass die anscheinenden Zwecke nicht beabsichtigt sind, aber, sobald die Übermacht über eine geringere Macht erreicht ist und letztere als Funktion der größeren arbeitet, eine Ordnung des Ranges, der Organisation den Anschein einer Ordnung von Mittel und Zweck erwecken muss".

Der „Wille zur Macht" verbleibt im Prozess des Werdens, zu einem finalen Abschluss gelangt er nicht, und die Höherentwicklung verharrt nicht auf der erreichten Stufe. Aufs Neue beginnt der Verfall. Das Organische ist richtungslos, und die höhere Kultur versinkt wiederum. Der Prozess des Lebens erweist sich in seiner Wandelbarkeit als zirkulär, der in dionysischem Rausch gewollt, in der ewigen Wiederkehr des Gleichen erfasst und von der Liebe zum Sein angenommen ist:

„O Mensch! Gib acht!
Was spricht die tiefe Mitternacht?
‚Ich schlief, ich schlief –
Aus tiefem Traum bin ich erwacht: –
Die Welt ist tief.
Und tiefer als der Tag gedacht.
Tief ist ihr Weh –
Lust – tiefer noch als Herzeleid:
Weh spricht: Vergeh!
Doch alle Lust will Ewigkeit –,
– will tiefe, tiefe Ewigkeit.'"

Nietzsche feiert die „ewige Lust des Werdens selbst zu sein", die aber auch das Vernichten in sich schließt, und der Mensch erlangt als sich selbst verklärender „Verklärer des Daseins" seine höchste Bestimmung, lustvoll im ausgelebten „Geschlechtstrieb", sich hingebend in den „Rausch" bacchantischer Freuden und dionysischen Vergnügens, die die Lebenslust widerspiegeln, wozu er nun auch die „Grausamkeit" und die „Ekstase des religiösen Gefühls" zählt. Was Nietzsche eigentlich zu erfassen suchte, scheint ihm zu entgleiten, denn diese leidenschaftlichen Bejahungen des Seins vermögen doch nichts zu binden und selbst dem erfülltesten Augenblick nicht Dauer zu verleihen. Die „ewige Wiederkehr" bleibt ziellos, sie kehrt in sich selbst zurück, und der Mensch vergeht mit ihr, vielleicht lebendig philosophierend, scheiternd bei dem Versuch, „dem Werden den Charakter des Seins aufzuprägen", ein Bemühen, das Nietzsche den „höchsten Willen zur Macht" nennt. Nietzsche selbst aber bleibt auch hier zweideutig. Einerseits feiert er den Gedanken der „ewigen Wiederkehr", in der auch die Vergänglichkeit ihren Platz findet, andererseits sieht er in der erlösenden Bejahung dieses Kreislaufs das ahnungsvolle Wissen der Unsterblichkeit – „so leben, dass du wünschen musst, wieder zu leben" –, in der die Lust „aller Dinge Ewigkeit" will, die anderseits aber auch nicht übermäßig wichtig genommen werden sollten. Nietzsche schreibt: „Mir scheint umgekehrt alles viel zuviel wert zu sein, als dass es so flüchtig sein dürfte: ich suche nach einer Ewigkeit für jegliches; … Mein Trost ist, dass alles, was war, ewig ist: – das Meer spült es wieder her."

Georg Simmel

Der Begriff des Lebens bestimmte das vielgestaltige Werk dieses Denkers, der Momente soziologischer Erkenntnis mit Fragestellungen philosophischer Anthropologie zu verbinden suchte, Phänomene der Kultur und Kunst mit sprachlichem Feingefühl analysierte und schließlich, maßgeblich beeinflusst von Kant, Nietzsche und Goethe, als ausnehmend scharfblickender wie sinnreicher Analytiker des geistigen Lebens in seiner Zeit galt, ein unkonventioneller Autor in jeder Hinsicht und der wesentliche Impulsgeber der so genannten „Lebensphilosophie".

Georg Simmel wurde am 1. März 1858 in Berlin geboren. Seine Eltern entstammten jüdischen Familien, waren aber beide zum Christentum konvertiert. Von 1876 bis 1881 studierte Simmel an der Berliner Universität Geschichte und Philosophie. 1881 reichte er zwei Promotionsschriften ein, die erste mit dem Titel „Psychologisch-ethnologische Studien über die Anfänge der Musik" war ideenreich, aber ungenau – und wurde abgelehnt. Simmel konnte indessen mit der bereits vorher abgefassten Arbeit, mit der Preisschrift „Darstellung und Beurteilungen von Kants verschiedenen Ansichten über das Wesen der Materie", promovieren. Die Habilitation erfolgte 1885, wiederum mit Studien zu Kant. Bereits seine Antrittsvorlesung wurde von zahlreichen Gästen aus dem außeruniversitären Bereich besucht, da das rhetorische Talent Simmels in Berlin einer größeren Öffentlichkeit bekannt geworden war. Der junge Privatdozent galt wegen seiner Urbanität, aber auch seiner Affinität zu literarischen wie künstlerischen Themen als „Modephilosoph". Er war befreundet mit Dichtern wie Rainer Maria Rilke und Stefan George.

Simmel beschäftigte sich wesentlich mit soziologischen und sozialpsychologischen Themen, die zu seiner Zeit im Bereich der Philosophie verortet wurden. Der junge Denker, von der Transzendentalphilosophie Kants maßgeblich geprägt, sah die unausweichliche Verbindung von Soziologie und Metaphysik: „Von der soziologischen Bedeutung des Wechselwirkungsbegriffs aus aber wuchs er mir allmählich zu einem schlechthin umfassenden metaphysischen Prinzip auf. Die zeitgeschichtliche Auflösung alles Substanziellen, Absoluten, Ewigen in den Fluss der Dinge, in die historische Wandelbarkeit, in die nur psychologische Wirklichkeit scheint mir nur dann vor einem haltlosen Subjektivismus und Skeptizismus gesichert, wenn man an die Stelle jener substanziell festen Werte die lebendige Wechselwirksamkeit von Elementen setzt, welche letzteren wieder der gleichen Auflösung ins Unendliche hin unterliegen. Die Zentralbegriffe der Wahrheit, des Wertes, der Objektivität etc. ergaben sich mir als Wechselwirksamkeiten, als Inhalte eines Relativismus, der jetzt nicht mehr die skeptische Lockerung aller Festigkeiten, sondern gerade die Sicherung gegen diese vermittels eines neuen Festigkeitsbegriffs bedeutete."

Simmels Konzentration auf den Begriff der Erfahrung gilt als neue Deutung der Philosophie Kants. Die unmittelbare Wirklichkeit wird durch vielfältige „Formen und Funktionen des Geistes selbst" von einer „Sinnesaffektion" zur verlässlichen Erkenntnis umgebildet. Erst durch diesen Prozess stellt sich die Welt dem Menschen als eine „verständliche Ordnung der Dinge" dar. Simmel schreibt: „Im ewigen Flusse, der keine Stauung kennt, ziehen die Eindrücke der Sinne an uns vorüber; aber sie sind nur Momente, nur Punkte gleichsam, und unser tätiges Bewusstsein erst stiftet die Verbindungen unter ihnen – es fügt die einzelnen optischen Eindrücke zu einer räumlichen Ordnung, die zufällige Folge der Bilder zu dauernden Regeln, die wechselnden Vorstellungen zu einem bestimmt charakterisierten Ich zusammen."

Die Kritik des menschlichen Erkenntnisvermögens von Kant erhält durch Georg Simmels lebensphilosophische Deutungen Akzente, die später etwa auch von Ernst Cassirer aufgegriffen werden. Simmel anerkennt Kants nüchterne Zurückweisung der „Irrungen des reinen überempirischen Denkens", das er durch „feste Zucht und Strenge" mittels der kritischen Vernunft ordnet, in die aber die in die Funktionen des Verstandes einströmende „gewusste Welt" nicht als „tote Masse" eintritt, sondern aus dem Gebrauch der Funktionen des Verstandes „lebendige Formungen" entstehen lässt, die dann als Formen der menschlichen Kultur zu begreifen sind: „Die Welt, der der erkennende Geist wehrlos, mechanisch abspiegelnd gegenüberzustehen schien, ist nun seine eigene Tätigkeit, die starren Formen des Weltbildes sind in Fluss gekommen, in die Aktivität des Geistes selbst aufgelöst; statt des unheimlichen Wunders einer Außenwelt, die uns wesensfremd ist und dennoch in uns eingeht, verstehen wir sie nun als Produkt unseres eigenen inneren Lebens." Die Funktionen erzeugen die Gegenstände der menschlichen Erfahrung. Simmel führt weiter aus: „Die Einheit des Objekts ist das Gegenbild der Einheit des Subjekts. Die unendliche Ausbreitung der atomisiert nebeneinander liegenden Elemente des Daseins findet ihre Organisierung in der Seele, in der alle jene mannigfaltigen Strahlen wie in einem Brennpunkt schneiden und eben damit auch im Objekt, in dem, genauer: zu dem die Mannigfaltigkeit seiner Bestimmungen nicht weniger einheitlich entgegenwächst."

Die Bildung des Selbstbewusstseins und der Persönlichkeit geschieht erst vermittels der Formung des Stoffs. Die Struktur, die wir der Wirklichkeit geben, entspricht unserem Verstand, aber nicht der Wirklichkeit, wie sie tatsächlich besteht. Georg Simmel beschreibt die durch Menschen geschaffene Form als Verbindung zwischen zwei Unendlichkeiten, nämlich als „Reichtum der Form" für die mögliche Aufnahme einer „Unendlichkeit von Inhalten" und als „Reichtum des Inhalts", der in einer „Unendlichkeit von Formen" manifesten Ausdruck finden kann: „Wo beide Unendlichkeiten sich treffen, entsteht das endliche Gebilde – und darum umschweben sie jedes Sein, das als geformter Inhalt betrachtet wird und macht ein jedes zum Symbol des Unendlichen." Die Stabilität der Formen als das „zeitlos Invariable" steht der sich wandelnden

„lebensmäßigen Innerlichkeit“ entgegen: „Form aber ist Individualität. Sie kann sich an unzähligen Materialstücken identisch wiederholen; aber dass sie, als reine Form, zweimal da sein sollte, ist ein Ungedanke …“ Die Form ist aus dem Leben abgesondert. Verselbstständigt ist die entindividualisierte Form eine Institution.

Die „Ausformungen“ dieser Gebilde entwickeln eine durchgängige „sachliche Eigenbedeutung“ und durch die Lösung vom Entstehungsprozess auch eine innere logische Stimmigkeit. Im Fluss der Dinge behaupten sie ihre Position und sind dem Leben, durch das sie hervorgebracht wurden, entgegengesetzt. In dem „rastlosen Weiterströmen“ des Lebens wird jede Form „überflutet“, allein weil sie sich als Form in diesem Prozess befindet und somit starr dem Lebensstrom widersteht. Das Individuum ist aufgrund dieses „prinzipiellen Wesensgegensatzes“ zur Ruhelosigkeit verurteilt, „denn das Leben kann gar nicht in die Form hineingehen, es muss über jede gewonnene Gestaltung hinaus sogleich eine andere suchen, an der das Spiel der notwendigen Gestaltung und dem notwendigen Ungenügen an der Gestaltung rein als solcher sich wiederholt“. Der Formwandel ist somit ein konstitutives Moment menschlicher Existenz: „Indem es Leben ist, braucht es die Form, und indem es Leben ist, braucht es mehr als die Form. Mit diesem Widerspruch ist Leben behaftet, dass es nur in Formen unterkommen kann und doch in Formen nicht unterkommen kann, eine jede also, die es gebildet hat, überlangt und zerbricht.“

1898 wurde Simmels Berufung auf eine außerordentliche Professur vom preußischen Ministerium verhindert, auch aus antisemitischen Beweggründen heraus. Zudem schien dieser Philosoph wegen seiner eigenwilligen Arbeitsweise und seinen ungewöhnlichen Ideen nicht an die Universität zu gehören. 1900 wurde das bereits zwei Jahre zuvor angestrebte

Extraordinariat eingerichtet. Georg Simmel veröffentlichte die „Philosophie des Geldes", eine breit angelegte Studie, in der die Problematik zunehmender Individualisierung in der modernen Gesellschaft erörtert und die Anonymität wie der Verfall authentischer menschlicher Beziehung diskutiert werden. Diese Themen blieben auch in den folgenden Jahren wesentlich Simmels Forschungsgebiet. Fernerhin publizierte er Studien zur Religionsphilosophie und eine Abhandlung, in welcher die „Probleme der Geschichtsphilosophie" behandelt werden.

Kant und Goethe waren für Georg Simmel die Bezugsgrößen seiner Philosophie. Kants herausragende Leistung sieht Simmel darin, dass dieser es vermochte, auf die Subjektgebundenheit der Erkenntnis zurückzugehen, ohne die Welt der Gegenstände in ihrer Bedeutung einzuschränken: „Indem nun aber die vorstellende Tätigkeit des Ich die Welt bildet, sind die Gesetze unseres geistigen Tuns die Gesetze der Dinge selbst." Die vermeintlich unaufhebbare Gegensätzlichkeit zwischen Kant und Goethe, zwischen der streng Wissenschaft und Glauben unterscheidenden, systematischen Vernunftkritik Kants und dem Lebens- und Weltgefühl des Dichters, der nach der „Einheit des subjektiven und des objektiven Prinzips, der Natur und des Geistes, innerhalb der Erscheinung selbst sucht", versucht Simmel zu überbrücken: „Wissenschaftlich methodisch angesehen ist Kant natürlich der objektive, unparteiische Denker, Goethe der subjektive, das Daseinsbild nach seiner leidenschaftlichen Individualität gestaltende. Weltanschaulich aber, nach dem inhaltlichen Resultat, ist Kant der Subjektivist, der die Welt in das menschliche Bewusstsein hineinlegt und von dessen Formen gestalten lässt, während Goethe nur die selbstgenügsame Objektivität des Daseins anerkennt, innerhalb dessen auch das Subjekt und sein Leben ein Pulsschlag des All-Lebens der Natur ist." Simmels Affinität zu Goethe bezeugt die Wertschätzung der konstitutiv anthropologisch aufgefassten, unverbrüchlichen „Einheit von Form und Inhalt". Das Widerstreitende beider Gestalten lässt sich nicht leichthin versöhnen, doch gelingt es, auf Gemeinsamkeiten zu verweisen, und diese zeigen sich in Goethes Rezeption von Kants „Kritik der Urteilskraft". Die Einheit von „ideeierendem Verstand" und „sinnlicher Anschauung" überzeugte Goethe. Die transzendentale Synthesis des Mannigfaltigen als „Vereinheitlichung des Mannigfaltigen" und „Ursprung aller Objektivität und aller Gesetzlichkeit des Daseins" hebt Simmel hervor. Der „transzendentale Realismus" mündet für ihn in den Skeptizismus, da die Erkenntnisvermögen überfordert seien, weil ihnen eine unlösbare Aufgabe vorgegeben sei. Die kritische Philosophie fortdenkend konstituiert Simmel die „Gegenstände des Erkennens" mittels der „Formen des Erkennens".

Georg Simmel selbst entwickelte eine Art lebensphilosophisch getönten Neukantianismus, der sich allerdings, auch durch die Würdigung zahlreicher Phänomene aus Dichtung und Kunst sowie durch die Rezeption von Nietzsches Philosophie, immer stärker an dem Begriff des Lebens orientierte, ohne sich von den geistigen Wurzeln eines auf eigensinnige Weise interpretierten Denken Kants zu lösen. Dies wird auch deutlich in seiner Abhandlung „Die Probleme der Geschichtsphilosophie", die als Summe seines Denkens gelten kann: „Dass die Geschichte ein Bau aus dem Stoff des Gegebenen ist, der seine Form ausschließlich den Forderungen des Erkennens verdankt, kann zu der skeptischen Klage: wir könnten die volle Realität und Ganzheit des geschichtlichen Daseins nicht ergreifen – nur so lange missbraucht werden, wie man die historische Wahrheit mit der gelebten Wirklichkeit verwechselt, und aus dieser das Ideal für jene gewinnen will, das doch nur aus ihr selber erwachsen kann."

Als die Philosophische Fakultät der Heidelberger Universität 1908 den Berliner Denker auf einen Lehrstuhl für Philosophie berufen wollte, wurde dies durch massive antisemitische Verunglimpfungen verhindert. Zudem wurde Simmels Arbeiten die Wissenschaftlichkeit abgesprochen, die Soziologie war als Fachdisziplin noch nicht anerkannt. Im selben Jahr veröffentlichte Georg Simmel eine große Studie mit dem schlichten Titel „Soziologie“. 1914 wurde er an die Universität von Straßburg berufen. Während des Ersten Weltkrieges vertrat er zeitweilig wie viele Intellektuelle nationalistische Positionen, wurde erfasst von der euphorischen Stimmung, bis er 1917 seinen Irrtum in der Beurteilung des Krieges einsah und zu einer ausnehmend pessimistisch gestimmten Wendung in Anbetracht der „unbarmherzigen Tatsächlichkeit der Welt“ gelangte, da die „Tragödie der Kultur“ allgegenwärtig und die Instabilität sozialer Formungen unaufhebbar zu sein schien.

So blieb wenig von der einstigen Hoffnung, das Lebensgefühl einer neuen Gemeinschaftlichkeit der Menschen möge zu einer entschiedenen Abkehr von der um sich greifenden Vereinzelung und der Vergöttlichung des Geldes führen. Am 26. September 1918 starb Georg Simmel im Alter von sechzig Jahren in Straßburg.

Henri Bergson

In Frankreich hieß die Lebensphilosophie „Bergsonismus“. Henri Bergson wurde am 18. Oktober 1859 in Paris geboren. Er entstammte einer jüdischen Familie, sein Vater war gebürtiger Pole, die Mutter Engländerin. Bergson studierte Philosophie und Literaturwissenschaft in Paris. 1881 wurde er nach dem Examen in den Schuldienst übernommen. Neben seiner Tätigkeit als Lehrer befasste sich Bergson mit philosophischen

Themen. Er hatte offenbar genügend Freiräume zur wissenschaftlichen Arbeit. 1889 promovierte er mit der Studie „Zeit und Freiheit", zu der auch eine Abhandlung zu Aristoteles gehörte. Bergson entdeckte im „Fluss des inneren Lebens" die „durée", die Dauer. In der genannten Schrift heißt es: „Die ganz reine Dauer ist die Form, die die Sukzession unserer Bewusstseinsvorgänge annimmt, wenn unser Ich sich dem Leben überlässt, wenn es sich dessen enthält, zwischen dem gegenwärtigen und den vorhergehenden Zuständen eine Scheidung zu vollziehen." Den Naturwissenschaften schenkte Bergson große Aufmerksamkeit und untersuchte insbesondere das Verhältnis von Körper und Geist. Das Verhältnis zur Natur im Bewusstsein der Endlichkeit menschlicher Existenz sollte nach seiner Überzeugung in ein verstehendes Miteinander münden, nicht zu einer bloßen Herrschaft führen. So empfahl Bergson die philosophische Einstimmigkeit mit der Natur.

Er wechselte, auch dank der Anerkennung, die ihm sein philosophischer Traktat eintrug, aus der Provinz an ein Pariser Gymnasium. 1896 publizierte er seine zweite große Abhandlung „Materie und Gedächtnis". Bergson gelang es, in diese Studie erfolgreich Resultate der zeitgenössischen Hirnforschung zu integrieren. 1897 wurde er zum Professor ernannt. Nunmehr lehrte Bergson an der Universität, an der École Normale Supérieure in Paris. Die kleine Schrift „Das Lachen" erschien erstmals im Jahr 1900 Bergsons Theorie des Humors, in welcher er das moderne Künstlertum mit hymnischem Beiklang beschrieb, wurde viel gelesen und machte ihn weit über akademische Kreise hinaus bekannt. 1904 wurde Henri Bergson zum Professor für griechische und lateinische Philosophie am Collège de France berufen.

1907 publizierte er „Die schöpferische Entwicklung". In diesem Werk wird der Gedanke des „élan vital" eingeführt, der von dieser Zeit an als der charakteristische Begriff von Bergsons Philosophie gilt. Übersetzt bedeutet dies „Lebensschwung", hier werden nun Elemente der Biologie in die Philosophie integriert. Eine neue Sicht des Organischen bildet die Voraussetzung für Reflexionen über die bezwingende Energie und innere Dynamik, die das Leben auszeichnet, ohne indessen zu einer irrationalistischen Sichtweise zu verleiten, die ihm von Gegnern unterstellt wurde.

Eine besondere Gefährdung sah Bergson in der zunehmenden Verselbstständigung der Naturwissenschaften, deren Fortschritte so unaufhaltsam wie problematisch anmuteten: „Während Physik und Chemie uns helfen, unsere Bedürfnisse zu befriedigen und uns dadurch ermuntern, sie zu vermehren, kann man voraussehen, dass Physiologie und Medizin uns mehr und mehr offenbaren werden, wie gefährlich diese Vermehrung ist und wie viel Enttäuschung sich in der Mehrzahl unserer Befriedigungen verbirgt." Henri Bergson war überzeugt, dass es wichtig sei, der „philosophischen Intuition" neue Geltung oder zumindest Gehör zu verschaffen und inmitten der „Kompliziertheit des gelehrten Denkens" die Orientierung an der „Einfachheit des Geistes" nicht einzubüßen, sich auf die Ideen intuitiven Ursprungs zu besinnen und sich nicht in der spröden positivistischen Wissenschaftlichkeit zu verlieren, von der sie, die Intuition, methodisch unterschieden ist: „Mit Methoden, die bestimmt sind, das absolute Fertige zu erfassen, vermag die Wissenschaft im Allgemeinen nicht in das einzudringen, was erst wird, vermag sie nicht der Bewegung zu folgen, das Werden zu erfassen, das das Leben der Dinge ist. Diese letzte Aufgabe gehört zur Philosophie. Während der Wissenschaftler, der gezwungen ist, von der Bewegung Momentaufnahmen zu machen und Wiederholungen von dem, was sich nicht wiederholt, zusammenzustellen, immer darauf bedacht ist, die Wirklichkeit in den verschiedenen Schichten, in denen sie sich entfaltet, in bequemer Weise zu teilen, um sie der technischen Entwicklung des Menschen zu unterwerfen, um die Natur zu überlisten in einer Haltung des Misstrauens und der Kampfbereitschaft, behandelt sie der Philosoph als Kameradin ... Auch von diesem Gesichtspunkt aus besteht das Wesen der Philosophie in einem Geist der Vereinfachung. Ob wir den philosophischen Geist an sich oder in seinen Werken ins Auge fassen, ob wir die Philosophie mit der Wissenschaft vergleichen oder eine Philosophie mit anderen, immer finden wir, dass die Komplikation an der Oberfläche liegt, die Konstruktion ein Beiwerk ist, die Synthese eine Erscheinungsform: philosophieren ist immer ein einfacher Akt."

Bergson hielt Vorlesungen in Italien, England, Spanien und New York. Seine philosophischen Hauptwerke wurden von der katholischen Kirche indiziert, auf Betreiben des Philosophen Jacques Maritain. Bergsons Denken galt in klerikalen Kreisen als aufrührerisch und gefährlich, da liberal gesinnte Katholiken sich auf die Ideen Bergsons beriefen.

1919 erschien eine Aufsatzsammlung mit dem Titel „Die seelische Energie". Bergson beschäftigte sich mit Einsteins Relativitätstheorie, war politisch tätig für den Völkerbund und litt zunehmend unter einer rheumatischen Erkrankung. Seine Emeritierung erfolgte 1921 aus gesundheitlichen Gründen. 1927 wurde sein Werk mit dem Literaturnobelpreis ausgezeichnet, ein Jahr später veröffentlichte er „Die beiden Quellen der Moral und der Religion", eine zuweilen mystisch anmutende Studie, in der er sich zunehmend dem Katholizismus annähert, ohne jedoch letztlich zu diesem zu konvertieren. Henri Bergson starb im Alter von 81 Jahren am 4. Januar 1941 in Paris.

Bergson gilt als stilistisch versierter Schriftsteller, der auch in der dezidiert wissenschaftlich geprägten Phase seines Schaffens mitunter einem schwärmerisch-enthusiastischen Tonfall zuneigte, wie dies eine Wendung, verfasst im Blick auf die Bestimmung philosophischen Denkens, illustrieren mag: „Um das Geheimnis der Tiefen zu ergründen, muss man manchmal nach den Gipfeln schauen.“

II. Vom Pragmatismus zur Kulturphilosophie

Mit Nietzsche beginnt die Moderne, deren charakteristisches Merkmal eine pluralistische Farbigkeit der neuen Strömungen der Philosophie im 20. Jahrhundert ist, reich an inneren Konflikten, die den Begriff und das Verständnis von Philosophie bis heute prägen. Etliche Denker richten sich in der Hoffnung auf verlässliche Resultate des Forschens an der strengen Methodik der exakten Naturwissenschaften aus und versuchen diese auch für die philosophische Erkenntnis fruchtbar zu machen. Andere forcieren die Rückbesinnung auf Kant. Manche engagieren sich im Streit um die Werturteilsfreiheit der Wissenschaften. Amerikanische Philosophen beleben mit dem Gedanken des Pragmatismus neu den Diskurs um die Nützlichkeit des Denkens überhaupt. Das 20. Jahrhundert scheint das Zeitalter der Beliebigkeit und Orientierungslosigkeit zu sein, auch in der Philosophie. Die geistigen Strömungen dieser Zeit zeigen sich in einem disparaten Multiperspektivismus, in einer Vielfalt von geistvollen Reflexionen, aber auch längst vergessenen Entwürfen, sie reichen von einer moderaten Hinwendung zu einem Gedankengebäude wie dem Pragmatismus, das weithin wieder einer grundsätzlichen Kritik verfallen ist, bis hin zu Denkweisen, die den Horizont der Moderne – hierzu zählt Cassirers Kulturphilosophie – auf neue Weise zu erkunden und mit vernünftiger Reflexion zu erhellen beginnen.

Pragmatismus

Der Pragmatismus beerbt auf gewisse Weise den Utilitarismus, insbesondere in seiner instrumentalistischen Ausprägung, die die Nützlichkeit des Denkens akzentuiert und die Relevanz des Wahrheitsbegriffs in philosophischen Forschungen erheblich einschränkt. Zur Wahrheit wird das erklärt, was funktioniert, mit anderen Worten: Der Wert und die Bedeutung auch eines philosophischen Systems lässt sich daran ermessen, ob es praktisch umsetzbar sowie erfolgreich zu handhaben ist und sich zur Gestaltung der Moderne eignet. Die Illusionslosigkeit eines nachmetaphysischen Zeitalters spiegelt sich in den erkenntnistheoretisch ausgeprägt relativistisch konturierten Gedankenwelten von William James, Charles S. Peirce und John Dewey wider, aber auch in einem zuweilen etwas naiv anmutenden Vertrauen auf schlichte Machbarkeit und, positiv gewendet, Überlegungen zur philosophischen Theorie der Demokratie. Die aus pragmatistischer Sicht unabweisbare Unmöglichkeit einer Letztbegründung ethischen Handelns und die Abhängigkeit der jeweiligen Theorien von dem Kontext, in dem sie entstehen, als geistige Versuche, sich in der Welt zu orientieren und diese zu verändern, zeigen schon von vornherein die Bescheidenheit und Begrenztheit des Pragmatismus. Diese wird deutlich in den Bemerkungen von William James über den Wahrheitsbegriff. James formuliert, dass wahr sei, was sich durch praktische Konsequenzen bewähre, oder anders gesagt: „Eine Vorstellung ist wahr, solange es für unser Leben nützlich ist, sie zu glauben."

Charles S. Peirce gilt als Begründer des Pragmatismus. Er wurde am 10. September 1839 in Cambridge, Massachusetts, geboren und starb am 19. April 1914 in Milford, Pennsylvania. Sein Werk umfasst vor allem Aufsätze. Insbesondere legte er eine neue Logik vor, die so genannte „abduktive Logik“, in Abgrenzung von der deduktiven Logik, in der vom Allgemeinen auf das Besondere geschlossen wird, und von der induktiven Logik, in welcher der Schluss von dem in der Erfahrung gegebenen Besonderen auf das Allgemeine erfolgt. In der „abduktiven Logik“ wird zunächst eine Hypothese über das gegebene Einzelne gebildet und beständig neu überprüft. Diese Logik sollte auch für schwierige, zunächst unerklärlich erscheinende Sachverhalte Gültigkeit besitzen.

Peirce verfasste Schriften zur Mathematik, zur Handlungstheorie und auch zur Religion, in denen er neben einer strikten Scheidung der Bereiche Religion und Wissenschaft eine universelle Liebesreligion postulierte. Er entwickelte eine Theorie der Wahrnehmung und stellte Reflexionen über das Bewusstsein an. Grundlage hierfür bilden Überlegungen zur Logik, insbesondere die Differenzierung der phänomenologisch-deskriptiv aufgewiesenen Kategorien, die er als formal wie relational in schlichter Terminologie bestimmt, als Erstheit, Zweitheit und Drittheit. Die Erstheit erfasst das Sein sozusagen in seiner Urgestalt, in der reinen Möglichkeit, beispielhaft kann man sich hier die Farbe Blau vorstellen, losgelöst von Gegenständen. Bestimmt in der Zweitheit ist ein situativ gegebener Kontrast, etwa widerstreitende Gefühle im Stadium der Reflexionslosigkeit, wie Liebe und Hass. Die Drittheit enthält ein bewegendes Prinzip, eine Regel oder ein Gesetz.

Auch auf der Ebene des Bewusstseins werden wiederum drei Momente verwendet, um das Bewusstsein zu erfassen, hierzu gehören das Gefühl, der „Altersense“ und der „Medisense“: „Es gibt keine anderen Formen des Bewusstseins als die drei, die erwähnt worden sind, Gefühl, Altersense und Medisense. Sie bilden eine Art System. Gefühl ist der momentan gegenwärtige Inhalt des Bewusstseins in seiner ursprünglichen Einfachheit, unabhängig von irgendetwas anderem. Es ist das Bewusstsein in seinem ersten Stadium und könnte ‚Primisense' genannt werden. ‚Altersense' ist das Bewusstsein von einem unmittelbar anwesenden Anderen oder zweiten, das uns widersteht. ‚Medisense' ist das Bewusstsein einer Drittheit oder eines Mediums zwischen ‚Primisense' und ‚Altersense' und führt vom ersteren zum letzteren. Es ist das Bewusstsein von einem Prozess, bei dem etwas vor den Geist gebracht wird. Gefühl oder ‚Primisense' ist das Bewusstsein von Erstheit; ‚Altersense' ist das Bewusstsein der Andersheit oder Zweiheit; ‚Medisense' ist das Bewusstsein von Mitteln oder Drittheit. Vom ‚Primisense' gibt es nur eine Art. ‚Altersense' hat zwei Arten, Sinnesempfindung und Willen. ‚Medisense' hat drei Arten, ‚Abstraktion', ‚Suggestion' und ‚Assoziation'."

Diese Annahme einer psychischen Struktur des Bewusstseins verleitete Peirce zu einer Projektion seiner Theorie auf physiologische Gegebenheiten, die er für eine taugliche Erklärung des Nervensystems hielt. Dem „Primisense" entspreche das einfache Bewusstsein, dem „Altersense" das duale Bewusstsein und dem „Medisense" das synthetisierende Bewusstsein, welches die Verhaltensmuster des Menschen beinhalte. Das Selbstbewusstsein muss Peirce zufolge im „Altersense" verortet werden. Von einer reflexiven Bestimmung des Selbstbewusstseins spricht er nicht, eher von der Entfaltung eines Potenzials, von der Abgrenzung des Ich von der Welt. Peirce schreibt: „Aus der allgemeinen Masse des Bewusstseins, das noch frei von jeder deutlichen Bestimmung ist, löst sich plötzlich eine etwas bestimmtere Idee – das ‚Objekt' oder das ‚Nicht-Ich' – wie ein Kristall aus einer Lösung und ‚wächst' wie ein ‚Kristall', während der Rest des Bewusstseins – die Mutterlösung sozusagen –, das ‚Ich', sich scheinbar, wie es gewesen ist, seiner neuen Geburt als ‚seine' eigene rühmt, blind gegenüber der noch unterentwickelten Anregung, die als Nukleus vorhanden gewesen sein muss."

Erkenntnistheoretisch distanzierte sich Peirce von dem Gedanken der Subjektgebundenheit menschlicher Erkenntnis. Die individuelle Erfahrung vollzieht sich in der menschlichen Gemeinschaft. Somit ist der Mensch, sofern er nicht Wahnvorstellungen unterliegt, zwar ein wahrnehmendes und erkennendes Subjekt, jedoch integriert in die Gesellschaft, verbunden mit anderen Menschen, die Gleiches wahrnehmen. Peirce wählte dafür die Vorstellung eines begrifflich diffus anmutenden „Wir“ der Erfahrung: „Es ist nicht ‚meine‘ Erfahrung, sondern ‚unsere‘ Erfahrung, an die zu denken ist; und dieses ‚wir‘ hat unbegrenzte Möglichkeiten.“ Im Weiteren erfolgt im Prozess der empirisch gestützten Erkenntnis die Weltorientierung, also der praktische Nutzen, der als wesentlich bestimmt wird, sollen doch durch diese Untersuchungen der Wirklichkeit stabile Meinungen und Überzeugungen erworben werden, mit Hilfe derer ein pragmatischer Umgang mit den Gegenständen und den Menschen gelingt, sozusagen eine effektive wie effiziente Lebenspraxis.

Schon die bloße Wahrnehmung der Welt um uns zeigt eindrucksvoll, zumindest für Peirce, dass wir nicht in einem determinierten Gefüge leben, sondern in einer schöpferischen Welt, in einem „Tychismus“, der ein unvorhersehbares Wachstum ermöglicht: „Die endlose Mannigfaltigkeit in der Welt ist nicht per Gesetz geschaffen. Es entspricht nicht der Natur der Uniformität, Variationen hervorzubringen, noch der des Gesetzes, den Einzelfall zu erzeugen. Wenn wir auf die Mannigfaltigkeit der Natur starren, blicken wir direkt in das Gesicht einer lebendigen Spontaneität. Ein Tag des Umherstreifens auf dem Lande sollte das uns eigentlich nahe bringen.“ Hier scheint eine fröhliche Lebendigkeit, von anschaulichen Bildern begleitet, die ansonsten trockene philosophische Reflexion von Peirce aufzulockern, und doch ist es noch nicht ersichtlich, warum der Mensch, der einen Sonntagsspaziergang auf dem Land vollführt, nun Kenntnis von einer übernatürlichen Schöpferlust des Indeterminismus gewinnt, ob allein der Anblick von Ziegen, Kühen und Schweinen dafür genügt? So mag der pragmatistisch gesinnte Spaziergänger sicherlich freudig gestimmt sein, sollte er im norddeutschen Flachland gänzlich unerwartet ein großes graues Rüsseltier erblicken, das er als Elefant identifiziert – aber dies genügt ebenso wenig wie eine weniger imposante unbekannte Pflanze, die entdeckt wird, um die Theorie von Peirce zu untermauern. Was immer wir auf dem Lande sehen, mag uns schon tief beeindrucken, ganz subjektiv betrachtet, doch es wäre niemals genügend Material vorhanden, um aus bloßen empirischen Eindrücken eine allgemein überzeugende Theorie der Natur zu entwickeln.

Der Prozess der Erkenntnis ist für Peirce untrennbar mit der Semiotik verbunden. Alles Denken ist ein Denken in Zeichen: „Wenn wir das Licht äußerer Tatsachen aufsuchen, so sind die einzigen Fälle von Denken, die wir finden können, die vom Denken in Zeichen. Offensichtlich kann kein anderes Denken von äußeren Tatsachen bezeugt werden. Das einzige Denken, das möglicherweise erkannt wird, ist Denken in Zeichen. Aber Denken, das nicht erkannt werden kann, existiert nicht. Alles Denken muss daher Denken in Zeichen sein." Diese Zeichen sind nicht vereinzelt, sondern in eine fließende Bewegung integriert, so dass für Peirce auch das, was für das Bewusstsein aktuell unerklärbar ist, als Unmittelbares, weil für dieses noch keine Zeichen bestehen, an dem Erkennenden vorüberfließt. Leitend für seine Überlegungen zur Erkenntnistheorie ist ein pragmatistischer Umgang mit dem Wahrheitsbegriff, der die Gegenstandserkenntnis um ihrer selbst willen als nachrangig ansieht und stattdessen darauf ausgerichtet ist, die Bedeutung des jeweils Erkannten in ethischer Absicht zu bestimmen: „Überlege, welche Wirkungen, die denkbarerweise praktische Relevanz haben könnten, wir dem Gegenstand unseres Begriffs in unserer Vorstellungswelt zuschreiben. Dann ist unser Begriff dieser Wirkungen das Ganze unseres Begriffs des Gegenstandes … Die Meinung, die vom Schicksal dazu bestimmt ist, dass ihr letztlich jeder Forschende zustimmt, ist das, was wir unter Wahrheit verstehen, und der Gegenstand, der durch diese Meinung repräsentiert wird, ist das Reale."

Anders als Charles S. Peirce wirkte der Pragmatist William James vorwiegend im Bereich der Psychologie und Religionsphilosophie. Er wurde am 11. Januar 1842 in New York geboren, lernte während des Studiums Peirce kennen und freundete sich mit diesem an. James arbeitete an der Universität von Harvard, unterrichtete Anatomie, Physiologie und experimentelle Psychologie. Von 1885 an lehrte er Philosophie. James verfasste zwei große Werke, die „Principles of Psychology" und das auch ins Deutsche übertragene Buch „Die Vielfalt religiöser Erfahrung". Stärker als für Peirce war für ihn die streng empirische Sicht auf die Welt und auf die zu untersuchenden Phänomene leitend. Religion bestimmte er als subjektives Erleben. Die Spuren dieses inwendigen Prozesses wollte er entschlüsseln. James konzentrierte sich hierbei auf die „radikale Qualität" der Empfindung, die Sphäre des Gefühls, über die wesentlich hinauszugehen sei, um die Ebene des Bewusstseins zu erreichen, so dass das religiös gestimmte Gemüt, das „subliminal self", Zugang zu einer Dimension der Wirklichkeit erhalten kann, insofern diese Religion eine lebendige Hypothese ist. Nur diese erweist sich als spannungsvoll – in James' Metapher eine elektrische Leitung, die unter Strom steht –, vermag etwas auszulösen, einen Funken zu schlagen, so dass durch diesen elektrischen Impuls der Mensch unter Strom gesetzt wird, die Möglichkeit erfährt, zu leben, zu handeln und die Welt wie sich selbst zu verstehen. Dieser religiöse Impuls also wird nicht von einer institutionalisierten Religionsgemeinschaft ausgelöst – William James bezweifelte selbst die Verlässlichkeit des Wahrheitsgehaltes religiöser Überlieferungen, nicht aber den Wert der Funktion der Religiosität –, sondern durch das subjektive Erleben, vielleicht auch durch die stets individuelle mystische Schau: „Wenn wir die Glaubensbekenntnisse und den Vertrauenszustand zusammen als das Formende der ‚Religionen' betrachten und diese als rein subjektive Phänomene betrachten, ohne Rücksicht auf die Frage nach ihrer ‚Wahrheit', so sind wir verpflichtet, sie wegen ihres außerordentlichen Einflusses auf das Handeln und die Leidensfähigkeit zu den wichtigsten biologischen Funktionen der Menschheit zu rechnen."

Über den Wahrheitsanspruch lässt sich schwerlich Gewissheit erlangen, die Folgen der Religiosität für das praktische Handeln und für die Empfindungsweise der jeweiligen Menschen sind unübersehbar, schon allein deswegen darf das Phänomen der Religion nicht unterschätzt und auch nicht ignoriert werden. Eine ausschließlich moralisch geprägte Sicht der Welt lässt sich oft schwerlich ertragen.

William James erkannte bei dem religiös musikalischen Menschen eine beschwingte Leichtigkeit, ein dankbares Einverständnis mit dem Ganzen der Welt, gelassene Heiterkeit wie lebensbejahende Freude: „Es gibt einen Geisteszustand, den der religiöse Mensch, aber niemand anders kennt, in dem der Wille, uns selbst zu behaupten und unser Eigenes festzuhalten ersetzt worden ist durch die Bereitwilligkeit, unseren Mund zu schließen und nichts zu sein in den Fluten und Wasserhosen Gottes … Die Zeit der Anspannung in unserer Seele ist vorüber, und die einer glücklichen Entspannung, ruhigen Atmens, ewiger Gegenwart, ohne eine disharmonische Zukunft, die Sorgen macht, ist angebrochen." Das subjektive

Bewusstsein einer metaphysischen Wirklichkeit ergreift das Individuum, belebt das Gefühl und erquickt die Seele, deren Existenz freilich so wenig beweisbar ist wie das Dasein Gottes. Das „nicht-rationale Gefühl einer ‚höheren' Kraft" erweist sich als erfüllend. Nur im Zusammenspiel von Vernunft und Gefühl können machtvolle religiöse Systeme entstehen.

Konstitutiv für den religiösen Menschen ist die Sehnsucht nach der erlösenden Kraft des Absoluten, bewegt von dem unbehaglichen Eindruck, von „einem Gefühl, dass mit uns etwas verkehrt ist, so wie wir von Natur aus daran sind", so dass das Bedürfnis wächst, „von der Verkehrtheit erlöst zu werden", so dass wir „die richtige Verbindung zu den höheren Kräften herstellen" möchten. Geschehen kann dies mittels der Erfahrung des „mystischen Hauches". So ergibt sich ein individuell intensiv empfundener „Kontakt mit etwas Höherem": „Er wird sich bewusst, dass sein höherer Teil angrenzt an und kontinuierlich ist mit einem ‚Mehr' derselben Qualität, das wirksam ist im Universum außerhalb von ihm und mit dem er in funktionierender Berührung bleiben und bei dem er gewissermaßen an Bord gehen und sich retten kann, wenn sein gesamtes niedrigeres Sein beim Schiffbruch zerborsten ist." Der „mystische Keim", den manche Menschen sensibel erspüren, führt zu einer Entscheidung zugunsten einer aufrichtig gelebten Religiosität, die nicht vernunftwidrig und zugleich kommunizierbar ist, wenngleich die jeweilige Erfahrung, so sehr sie Autorität über den Einzelnen gewinnt, vom anderen nur anzuhören, nicht aber in gleicher Weise nachzuempfinden ist: „Religiöse Menschen haben oft bekannt, wenn auch nicht einheitlich, die Wahrheit auf eine besondere Weise zu sehen. Diese Weise ist bekannt als Mystik … Man muss musikalische Ohren haben, um den Wert einer Symphonie zu kennen; man muss selbst verliebt gewesen sein, um den Gemütszustand eines Liebenden zu verstehen."

William James selbst gestand ein, dass ihm das Göttliche nur durch „unpersönliche und abstrakte Begriffe“ zugänglich sei, während er zugleich aufrichtig und tief jene Menschen bewunderte, die ihre Kraft aus einer Gottesbeziehung schöpfen und über ein „lebendiges Bewusstsein des Verkehrs mit einem Gott“ verfügen. Die offerierten „Hypothesen“ in den mystischen Zuständen führen zu einer „neuen Ausdruckskraft“ und zu einer „neuen Verbindung mit unserem aktiven Leben“. Diese Eingebungen lassen sich nicht erzwingen, nur als Geschenk und Geheimnis annehmen. Auch der Mensch, dem solches nicht zuteil wird, möge die Erfahrungen anderer, selbst wenn sie die begrenzte menschliche Vernunft übersteigen, respektieren und anerkennen. William James erkannte, auch ganz pragmatistisch denkend, aber diese verengte Sichtweise mitunter aufbrechend, die Vielfalt religiöser Phänomene und die schier unendliche Varietät von Lebensformen an, die in einer pluralistischen Welt authentisch praktiziert werden und denen berechtigterweise Wohlwollen und Toleranz zuteil werden sollte. James verfasste noch eine Reihe populärer philosophischer Werke, die sich regen Zuspruchs erfreuten, und starb am 26. August 1910 in Chocorua im US-amerikanischen Bundesstaat New Hampshire im Alter von 68 Jahren.

John Dewey kämpfte für eine „pragmatische Wende“ in der Philosophie und hoffte inständig, dass die jeweilige Nützlichkeit in der Praxis als Maßstab für die Bedeutsamkeit theoretischer Reflexionen gelten könnte. Dewey wurde am 20. Oktober 1859 in Burlington, Vermont, geboren. Er promovierte 1884 und unterrichtete danach an den Universitäten von Michigan, Minnesota und Chicago. 1904 wechselte er an die Columbia Universität in New York. In den Ruhestand wurde er 1930 versetzt. Er blieb geistig rege wie philosophisch tätig und starb 92-jährig am 1. Juni 1952 in New York.

Auch Dewey bemühte sich darum, die experimentelle Psychologie für die Philosophie fruchtbar zu machen und schließlich die Philosophie überhaupt, im klassischen Sinne, zu überwinden. Nach seinem Verständnis sei Philosophie, wie sie traditionell gelehrt würde, eine Fortführung der Theologie, deren Absolutheitsanspruch diese beibehalte. Dewey lehnte ebenso die Ausrichtung auf Metaphysik wie jegliche apriorische Begrifflichkeit ab. Eine „Idee" hielt er für anschauungslos und entbehrlich. Was praktisch brauchbar und anwendbar sei, was also schlechthin als nützlich beurteilt werden könne, das gelte es auch zu übernehmen. Eine Philosophie, die den Naturwissenschaften, deren Triumph Dewey ausnahmslos begrüßte, hinderlich sei, müsse abgeschafft werden. Der Philosophie in seiner Deutung und Ausrichtung komme nunmehr kein eigenes Recht mehr zu. Die zweckfreie Suche nach Erkenntnis zu betreiben, hielt er für sinnlos.

Stattdessen empfahl Dewey eine verstärkte Konzentration auf die philosophische Anthropologie. Wenn die Philosophie jeglicher metaphysischer Ansprüche entkleidet wäre, könnte sie vielleicht trotzdem „Werte" bestimmen, die für das Zusammenleben der Menschen wichtig sind. Die gestaltende Aufgabe in der Gesellschaft sollte der Philosophie also zuerkannt werden, etwa im Bereich der Pädagogik und der Demokratie, die sich im Sinne einer ständigen Verbesserung der Lebensumstände fortentwickeln sollte, ausgehend von den Strukturen der Familie bis hin zur Vervollkommnung der staatlichen Gemeinschaft: „Das klare Bewusstsein eines gemeinschaftlichen Lebens, mit allem, was sich damit verbindet, konstitutiert die Idee der Demokratie." Das Leben selbst soll demokratisch ausgerichtet und vom Geist dieser Idee, die in Deweys Philosophie gänzlich pragmatistisch aufgefasst wird, bestimmt sein, einfach weil dies dem Menschen gemäß sei.

Sozialphilosophische Themen kennzeichnen das Werk John Deweys. Der Gedanke der Erziehung, unabhängig von theoretischen Reflexionen und Konstruktionen, sollte für die moderne Demokratie fruchtbar gemacht werden. Zwischen Denken und Erfahrung erkannte Dewey weder eine Kluft noch einen Widerstreit. Im Zusammenhang zeigte sich ihr prozesshafter Charakter, ihre wechselseitig bestimmte Bedeutung, die zu einer beständigen Erneuerung und Entwicklung des Individuums in der Gemeinschaft führt.

Dewey verfasste sein Hauptwerk „Die menschliche Natur. Ihr Wesen und ihr Verhalten" im Jahr 1922, eine Schrift, in der er das demokratische Prinzip als konstitutiv für den Menschen bestimmt. Dieses ist quasi eine Orientierungsgröße inmitten des Wechselspiels von Triebhaftigkeit und Gesellschaft. Durch das dynamische Triebleben vermag der Mensch sein Verhalten neu auszurichten. Er passt sich an eine sich wandelnde Umwelt an und gewinnt, durch neue Eindrücke und Impulse belebt, ein wachsendes Verständnis für die sich entwickelnde Gesellschaft, an welcher er partizipiert. Ethische Fragen ergeben sich nur im konkreten Erleben. Ein vor aller Erfahrung bestehendes Sittengesetz enthält Deweys Philosophie nicht. Moralisches Handeln vollzieht sich im gegenwärtigen Prozess des Erlebens, in der Beteiligung am Fortschritt der Gesellschaft. Mit kühnem Optimismus betrachtete John Dewey diese Entwicklung. Den technischen Fortschritt und die Ausweitung der naturwissenschaftlichen Forschung beurteilte er positiv und voller Begeisterung, auch im Blick auf die Lernfähigkeit des Menschen und die Erweiterung seiner Möglichkeiten in der Weltorientierung.

Getrieben von einer schon ideologisch zu nennenden Fokussierung des Nützlichkeitsgedankens, verbunden mit der Ausblendung normativer Fragen in der Moralphilosophie, betrieb Dewey beispielhaft die pragmatistische Zuspitzung, die interessegeleitet blieb, die Diskussion der Wahrheitsfrage für obsolet erklärte und, trotz der Aufmerksamkeit für ökonomische Schwierigkeiten von einzelnen Menschen, die alten Fragen der Philosophie wahlweise als metaphysischen Hokuspokus beurteilte oder diese, unter dem absolut gültigen Kriterium der Effizienz betrachtet, als unerheblich auswies. Er verlangte von der Philosophie, dem naturwissenschaftlichen Fortschritt dienstbar, mithin an diesen anschlussfähig zu sein und zugleich sich passgenau in die bestehende Gesellschaft einzufügen, nicht um berechtigten Einspruch zu artikulieren, sondern um die Ausbreitung der Demokratie beifällig zu begleiten.

Max Weber

Für Karl Jaspers war Max Weber der maßgebliche Mensch, der größte Philosoph seiner Zeit, doch ob sich dieser selbst so gesehen hätte, als Philosoph? Vermutlich hätte Weber diese Bezeichnung als unerheblich abgetan, da sie weder auf sein Werk noch auf seine Persönlichkeit den geringsten Einfluss besessen hätte.

Am 21. April 1864 wurde Max Weber in Erfurt geboren. Er studierte von 1882 bis 1886 Nationalökonomie, Philosophie und Geschichte, promovierte 1889 in Rechtswissenschaft und habilitierte sich 1892 für das Spezialgebiet Römisches Recht und Handelsrecht in Berlin. Eine aufsehenerregende Schrift publizierte er im selben Jahr, nämlich die Studie „Die Verhältnisse der Landarbeiter im ostelbischen Deutschland“. Er forderte, die deutsch-polnische Grenze für Saisonarbeiter zu schließen, da durch den Einsatz der Saisonarbeiter, die zu niedrigeren Konditionen arbeiteten, die deutschen Arbeiter in die Städte getrieben würden. Bedroht sah Weber den Bauern, den letzten freien Mann der alten, in Auflösung begriffenen patriarchalisch strukturierten Welt. Max Weber zeigte sich schon in jungen Jahren als überzeugter Nationalliberaler und Patriot, der allerdings bekennender Kosmopolit war, auch durch den Einfluss seiner Gattin Marianne, die als Frauenrechtlerin bekannt wurde.

1894 wurde Weber zum Professor für Nationalökonomie in Freiburg berufen. Schon in seiner ersten Vorlesung trug er die Grundlagen des Postulats der Werturteilsfreiheit in den Wissenschaften vor. 1897 wechselte er an die Universität Heidelberg. Eine schwere psychische Erkrankung beendete seine Lehrtätigkeit noch im selben Jahr. Bis 1904 arbeitete er nur wenig und reiste durch die Welt, besuchte Europa und die Vereinigten Staaten von Amerika.

Max Weber veröffentlichte, ohne in den Lehrbetrieb zurückzukehren, 1904 maßgebliche Studien zu dem noch im Entstehen begriffenen Fach Soziologie, „Die ‚Objektivität' sozialwissenschaftlicher und soziologischer Erkenntnis" und „Die protestantische Ethik und der Geist des Kapitalismus". Weber sah, dass die Geisteswissenschaften auf vielfältige Weise in Bedrängnis geraten waren. Wie konnte die Objektivität der Forschungsergebnisse in den Geisteswissenschaften sichergestellt werden? Er forderte die Trennung von deskriptiv-empirischer Wissenschaft und normativen Forderungen, die Unterscheidung also von Wissenschaft und Wertvorstellungen, radikal einem jeglichen ethischen Naturalismus entgegengesetzt, der vom Sein leichthin auf das Sollen schließt. Weber schreibt hierüber in späteren Jahren: „Immer wieder geschah es, dass man geglaubt hat, ein Mensch sei deshalb wissenschaftlich erledigt, weil er unsere ethischen Urteile nicht teilt. Das ist unmöglich, das können wir bei allem Respekt für die Generation, die die großen Kämpfe der Vergangenheit geführt hat und deren Epigonen wir heute sind, und ohne deren mächtigen Unterbau unsere Arbeiten gar nicht möglich waren, nicht mitmachen ... Und wenn wir mit einem gewissen Bedauern feststellen müssen, dass heute eine stärkere Differenzierung der Werturteile auch in unserer Mitte eingetreten ist als früher, so gebietet nur die Ehrlichkeit, das offen zu konstatieren. Wir kennen keine wissenschaftlich beweisbaren Ideale. Gewiss: die Arbeit ist nun härter, sie aus der eigenen Brust holen zu sollen in einer Zeit ohnehin subjektivistischer Kultur. Allein wir haben überhaupt kein Schlaraffenland und keine gepflasterte Straße dahin zu versprechen, weder im Diesseits noch im Jenseits, weder im Denken noch im Handeln; und es ist das Stigma unserer Menschenwürde, dass der Friede unserer Seele nicht so groß sein kann als der Friede desjenigen, der von solchem Schlaraffenland träumt." Die christliche Weltanschauung ist geborsten, der Mensch befindet sich unbehaust in der „entzauberten Welt" und muss sich der „Forderung des Tages" stellen, um dieser gerecht zu werden, nicht indem er für immer utopisch bleibende Paradiese arbeitet, sondern indem er einfach seine Pflicht erfüllt, also das tut, was von ihm aktuell gefordert ist, ernsthaft und konsequent, illusionslos und aufrichtig, geistig souverän und frei.

Aus dem wissenschaftlich getroffenen Erkenntnisurteil lässt sich kein Werturteil folgern. Erkenntnis- und Werturteil folgen für Weber unterschiedlichen inneren Eigengesetzlichkeiten. Der Wissenschaftler soll nicht suggestiv formulieren. Er muss das „Schicksal der Zeit" ertragen und darf sich weder als Kathederprophet betätigen noch als Wissenschaftler für politische Standpunkte werben: „Ich erbiete mich, an den Werken unserer Historiker den Nachweis zu führen, dass wo immer der Mann der Wissenschaft mit seinem eigenen Werturteil kommt, das volle Verstehen der Tatsachen aufhört." Pflicht des Wissenschaftlers sei es, der Wahrheitssuche zu dienen. Er soll sich nicht zu beliebigen Standpunkten bekennen. Zum akademischen Lehrer geeignet sei nur derjenige, der die eigene Person nicht so wichtig nehme, persönliche Geschmacksurteile wie Empfindungen zurückstelle und jeglichen Anspruch auf Gefolgschaft verweigere. Statt praktische Ideale zu propagieren, gelte es, ernsthafte Wissenschaft zu betreiben, mit dem Pathos der Nüchternheit.

Weber erkannte den Pluralismus der Werte, denn es sei unmöglich, auf vermeintlich wissenschaftliche Weise die Überlegenheit einer Kultur nachzuweisen: „Wie man es machen will, ‚wissenschaftlich' zu entscheiden zwischen dem Wert der französischen und deutschen Kultur, weiß ich nicht. Hier streiten eben auch verschiedene Götter miteinander, und zwar für alle Zeit. Es ist wie in der alten, noch nicht von ihren Göttern und Dämonen entzauberten Welt, nur in einem anderen Sinne: wie der Hellene einmal der Aphrodite opferte und dann dem Apollon und vor allem jeder den Göttern seiner Stadt, so ist es, entzaubert und entkleidet der mythischen, aber innerlich wahren Plastik jenes Verhaltens, noch heute. Und über diesen Göttern und in ihrem Kampf waltet das Schicksal, aber ganz gewiss keine ‚Wissenschaft'. Es lässt sich nur verstehen, was das Göttliche für die eine und für die andere oder: in der einen oder anderen Ordnung ist."

Bei Weber werden die in der Außenwelt konkurrierenden Mächte in Gestalt von Werten in den Menschen zurückverlegt, in eine Pluralität verschiedener, rivalisierender Werte und Zielvorstellungen, die verwandten Eigengesetzlichkeiten folgen, die aber nicht wissenschaftlich bewertet werden können. Wissenschaft sollte nach Max Webers Auffassung strikt gegenstandsorientiert sein, da doch schließlich die besten ethischen Absichten oder moralischen Bekenntnisse nicht im Geringsten zu einem Wachstum der Kenntnisse beitrügen. Eine politische Wissenschaft lehnte Weber stets ab, vorstellbar sei höchstens – geleitet von der Maßgabe intellektueller Rechtschaffenheit – eine Wissenschaft von der Politik.

Von 1911 an betrieb Max Weber religionssoziologische Studien. Er arbeitete an seinem Hauptwerk „Wirtschaft und Gesellschaft", das er ebenso wenig zum Abschluss brachte wie die übrigen großen Abhandlungen. Mit Kriegsausbruch sah sich Weber bedrängt vom politischen Tagesgeschäft und äußerte sich zu Fragen der Zeit. Er forderte die Errichtung der Republik, mit einem funktionstüchtigen und entscheidungsbefugten Parlament. Den „blutigen Karneval" des Chaos im Ausklang des Wilhelminismus lehnte er ab. 1918 begründete Weber die liberale „Deutsche Demokratische Partei" mit und lehrte für kurze Zeit in Wien. Er hielt in dieser Zeit die bekannten Reden „Wissenschaft als Beruf" und „Politik als Beruf".

Berühmt geworden ist die Unterscheidung zwischen Gesinnungs- und Verantwortungsethik. Nur wem das Gedeihen seiner Vaterstadt höher stünde als das „Heil seiner Seele", wie Max Weber in Anspielung auf Machiavelli formulierte, habe den „Beruf zur Politik", der könne also Politiker aus Berufung sein. Verantwortlichkeit im Blick auf die Sache, der „ethischen Paradoxien" stets eingedenk, das forderte er, ein entschiedenes, besonnenes Handeln in der Verbindung von Leidenschaft und Augenmaß. Dies bedeutete für ihn die „Fähigkeit, die Realität mit innerer Sammlung und Ruhe auf sich wirken zu lassen, also: Distanz zu den Dingen und zu den Menschen". Dass mitunter in der Politik der Zweck die Mittel heilige, sei unausweichlich. Für die Folgen müsse der Politiker jeweils einstehen. Unter den „kalten Skeletthänden rationaler Ordnungen" vermisste Weber die wirklich zu politischem Handeln befähigten Menschen, fürchtete aber auch pessimistisch die kommende Entwicklung, die sich für ihn als eine „Polarnacht von eisiger Finsternis und Härte" andeutete, in der es besonders auf jene Politiker ankäme, die die „geschulte Rücksichtslosigkeit des Blickes in die Realitäten des Lebens“ kannten und bereit waren, diese auszuhalten, ohne in „mystische Weltflucht“ zu verfallen.

Realismus in der Beurteilung des Zeit- und Weltgeschehens und mit Leidenschaft betriebene Realpolitik forderte Weber ausdrücklich. Gelingen könne dies nur dem herausragenden Staatsmann, der sich dann, wie man damals noch bedenkenlos sagen konnte, als „Führer“ und „Held“ erwiese. Dass solche außerordentlichen Qualitäten selten sind, hat Max Weber gewusst, nichtsdestoweniger formulierte er den hohen Anspruch an den geeigneten, verantwortungsethisch handelnden Politiker, der vielleicht weder zum charismatischen „Führer“ noch zum „Helden“ tauge, aber mit der „Festigkeit des Herzens“ gewappnet sein müsse, die auch dem „Scheitern aller Hoffnungen“ gewachsen sei: „Nur wer sicher ist, dass er daran nicht zerbricht, wenn die Welt, von seinem Standpunkt aus gesehen, zu dumm oder zu gemein ist für das, was er ihr bieten will, dass er all dem gegenüber: ‚dennoch!‘ zu sagen vermag, nur der hat den ‚Beruf‘ zur Politik.“

Zahllose Zeitgenossen, insbesondere Akademiker und Gelehrte aller Fächer, waren tief beeindruckt von dem wissenschaftlichen Eifer, von der begeisternden Leidenschaft für die Sache, die Weber beispielhaft vorzuleben schien, aber auch von der rhetorischen Brillanz und der monumentalen Wucht seiner Formulierungen. Im Jahr 1919 wurde Max Weber nach München berufen, wo er am 14. Juni 1920 im Alter von 56 Jahren verstarb.

Ernst Cassirer und der Neukantianismus

Im ausgehenden 19. Jahrhundert erfolgte eine Neubesinnung auf die Philosophie Kants, eine geistesgeschichtliche Traditionslinie, der sich zahlreiche Gelehrte bis ins 20. Jahrhundert hinein verpflichtet wussten. Der Kritizismus in Kants Werk wurde besonders rezipiert und zu einer wissenschaftlichen Begründung philosophischen Denkens angewandt. Sichtbares Zeichen für die „Marburger Schule" des Neukantianismus bleibt aber auch, dass sich etliche Denker, darunter etwa Ernst Cassirer, trotz einer starken Bindung an diesen Weg des Philosophierens, zunehmend von der Enge einer kritischen Philosophie, deren begriffliche Strenge dezidiert mathematisch ausgerichtet war, abkehrten.

Hermann Cohen wurde am 4. Juli 1842 in Coswig geboren. Von 1873 an unterrichtete er Philosophie in Marburg. 1912 übersiedelte er nach Berlin. Dort starb Cohen am 4. April 1918. Berühmt geworden ist sein Werk „Kants Theorie der Erfahrung", das 1871 erstmals veröffentlicht wurde. Wer Kant beurteilen wolle, müsse seine Texte zunächst mit philologischer Genauigkeit lesend sich aneignen, um danach das Kantische Denken systematisch fortzuentwickeln, denn einer adäquaten Auseinandersetzung, die zu neuen fruchtbaren Gedanken aus dem Geist der Philosophie Kants führte, musste die akkurate Beschäftigung mit diesem vorausgehen. Die eigenständige Behandlung philosophischer Fragestellungen sollte „gemäß der kritischen Methode und im Anschluss an Kants Worte" erfolgen, so formulierte Cohen 1877 in „Kants Begründung der Ethik", die bereits beanspruchte, eine „Auslegung" seiner Philosophie zu sein. Cohen integrierte verstärkt Kants Ideenlehre – also die praktischen Konsequenzen der theoretischen Philosophie – in seine noch immer genuin rezeptiven Arbeiten, in denen er die Einheit des Bewusstseins als Einheit der Grundsätze und Regeln des Denkens geltend machte.

Es folgten weitere Schriften zu Kant, ehe er – immer noch der Philosophie Kants sich verpflichtet wissend – „Die Logik der reinen Erkenntnis“, „Die Ethik des reinen Willens“ und „Die Ästhetik des reinen Gefühls“ in kurzer Abfolge zwischen 1904 und 1911 publizierte. Logik hat in Cohens Werk eine ausgesprochen mathematische Dimension. Wenn der Philosoph von Logik spricht, so bezieht sich dies auf die naturwissenschaftliche Erkenntnis. Ein Mangel Kants sei die Ausrichtung auf die Sinnlichkeit. Cohens Auffassung zufolge müsse Philosophie mit dem reinen Denken beginnen, nicht mit der Anschauung, also nicht mit dem Gegebenen außerhalb seiner selbst, sondern mit der transzendentalen Logik, da das Denken der Logik dergestalt sei, dass es sich selbst entwickelt als Wissenschaft. Die Grundform des Denkens sei das Urteil, nicht der Begriff, der sich in festgelegten Richtungen vollziehen würde, so dass es unterschiedliche Urteile entsprechend der jeweiligen Bestimmungen der Denkgesetze, der Mathematik, der mathematisch gebundenen Naturwissenschaft und der Methodik gebe.

Mit dem Werk zur Logik hatte Hermann Cohen die Grundlage für die nun folgende Erörterung der Ethik geliefert. Basierte die Logik wesentlich auf der Mathematik, so fußt die Ethik auf der Rechtswissenschaft, die Cohen als „Mathematik der Geisteswissenschaft“ bezeichnet. An dem Gedanken, dass der Mensch ein Zweck an sich selbst sei, müsse sich die Politik wie die Ethik orientieren. Das sittliche Selbstbewusstsein erweist sich als autonom. Ausdruck findet dies in der Selbstgesetzgebung und Selbstverantwortung, durchaus auch im Widerstreit zur Kausalität in der Welt der Natur, im Gleichen geschieht dies auch in der Selbsterhaltung. Im Weiteren werden die Tugenden diskutiert, die für die Ethik wichtig sind. Hermann Cohen forderte Wahrhaftigkeit, Bescheidenheit, Tapferkeit, Treue, Gerechtigkeit und Humanität. Auch sprach er sich gegen die Arbeitsteilung aus, besonders dann, wenn diese die Einheit der menschlichen Person aufheben sollte. In der „Ästhetik des reinen Gefühls" werden Kunst und Kultur erörtert, leitend ist die Idee des Schönen, die zur Entfaltung der Kunst durch den Künstler führt, zugleich auch zur subjektiven Erfüllung im reinen Selbst, durch das ästhetische Bewusstsein im reinen Gefühl.

Zeitgenosse und Kollege Hermann Cohens war Paul Natorp, geboren am 28. Januar 1854 in Düsseldorf, ab 1885 als Professor für Philosophie in Marburg. Dort starb er am 17. August 1924. Natorp übernahm den Cohenschen Kritizismus und entwickelte dessen Methode fort, geleitet von einer großen Affinität zu einer mathematisch-naturwissenschaftlichen Grundierung der Philosophie, die er später aufgab, da es ihm wesentlich erschien, die Unmittelbarkeit des Erlebens, die Bedeutung des Subjekts, zu erhellen. Er verfasste zahlreiche Abhandlungen zur theoretischen wie zur praktischen Philosophie. Zunächst fokussierte Natorp in seinen Studien Probleme der Erkenntnis. 1888 erschien die „Einleitung in die Psychologie nach kritischer Methode", bekannt ist auch die 1894 publizierte Schrift „Die Religion innerhalb der Grenzen der Humanität", eine ausgearbeitete Religionsphilosophie, die durch ihre Betonung des inneren Lebens des Menschen und ihre Würdigung des Gefühls in der Tradition Friedrich Schleiermachers steht. Diese Religionsphilosophie entbehrt freilich eines Glaubens ans Jenseits, sieht die wahre Religiosität in der vollendeten Humanität, als Religion der Menschlichkeit frei von Dogmatik und jedem Anspruch auf wissenschaftliche Begründbarkeit.

Zwar verfolgte Natorp auch weiterhin philosophiegeschichtliche wie erkenntnistheoretische Forschungsinteressen, jedoch widmete er sich etwa vom Jahr 1900 an zunehmend Problemen der Pädagogik. Er arbeitete den kritischen Idealismus besonders auf diesem Feld aus. 1903 erschien Natorps Studie „Platos Ideenlehre", in der er die platonische Idee leichthin mit einer konstitutiven logischen Gesetzmäßigkeit identifizierte. Erkenntnistheoretisch verfolgte Natorp die Gedanken Cohens, dass die Logik nicht die Kausalität bei der zeitlichen Abfolge der Erscheinungen untersuche, welche im Bereich der Naturwissenschaft erkundet werden müsse, sondern die Bedingungen der Erkenntnis und die Einheit derselben. Die Bestimmung von Fakten gelingt niemals vollständig. Der Erkennende kann sich den so genannten „Tatsachen" nur annähern. Auch die Naturwissenschaft vermag nichts anderes, als die gegebenen „Unbestimmtheiten" auf ihre Weise „immer enger in Grenzen des Denkens einzuschließen". Das Prinzip des Ursprungs bildet den Anfang der Logik. Von diesem Prinzip ausgehend erfolgt der logische Aufbau der Wissenschaften, der Mathematik wie der Physik. Das Problem des Bewusstseins erörtert die Psychologie in ihrer Ausrichtung auf die „Totalität des Erlebten", in dem sie sich bemüht, die gegebene Unmittelbarkeit im Bewusstsein zu rekonstruieren, mit philosophischer Methode. Da die naturwissenschaftliche Erkenntnis hier an ihre Grenzen stößt, bleibt sie doch nur auf die Analyse der Kausalität begrenzt. Der Gedanke der Einheit ist auch für das Bewusstsein relevant. Der Anspruch des Sittengesetzes, wie es in der Philosophie Kants dargelegt ist, bestimmt die „einheitliche Ordnung der Zwecke". Aus den „Grundfaktoren der Aktivität" – Trieb, Wille und Vernunft – wird ein „System der individuellen Tugend" generiert: Reinheit, Tapferkeit und Wahrheit, deren einigendes Band die Gerechtigkeit ist, als bestimmende Tugenden für das Verhalten des Individuums in der Gemeinschaft. Dies arbeitete Natorp in seiner Sozialphilosophie aus, die als Ziel die „allseitige Entfaltung des Menschenwesens im lückenlosen, harmonischen Zusammenhang seiner Grundkräfte“ nennt.

Die Entwicklung des Denkens von Paul Natorp, ausgehend von der strengen Systematik des Neukantianismus, zeigt auch die Grenzen desselben, zumal der alte Philosoph selbst wieder die Besinnung auf metaphysische Fragestellungen wertschätzte und in den „Vorlesungen über praktische Philosophie“, im Jahr seines Todes publiziert, statt des kritischen den spekulativen Idealismus ins Zentrum seiner Forschungen stellte.

Cassirers Werk erfährt heute eine vielfältige Rezeption, im europäischen wie im angloamerikanischen Sprachraum. Ursprünglich ein Repräsentant des Neukantianismus, entwickelte Ernst Cassirer, geboren am 28. Juli 1874 in Breslau, in gedanklich weit angelegten, materialreichen Studien die Grundzüge einer modernen Kulturphilosophie, die, ausgehend von der strengen neukantianischen Begriffsbildung, die Phänomene des kulturellen Lebens philosophisch zu integrieren wuste und letztlich, unter Berufung auf Kant, die philosophische Anthropologie als adäquate Form des Denkens heute bestimmt. Nun mag man bezweifeln, dass Kant, als er die Grundfragen der Philosophie – „Was kann ich wissen?“, „Was soll ich tun?“ und „Was darf ich hoffen?“ – in der Logik-Vorlesung mit der Frage „Was ist der Mensch?“ gleichsetzte, tatsächlich an eine solche Wende gedacht hat, wie Cassirer annimmt. Als Gewährsmann taugt er hierfür dennoch, auch wenn die Abkehr von der Metaphysik, die Cassirer letzten Endes betreibt, gewiss nicht im Sinne der kritischen Philosophie Kants gewesen wäre und dieser sich auch dagegen verwahrt hätte, etwa die Wissenschaft primär als eine symbolische

Form für das Selbst- und Weltverständnis des Menschen anzusehen.

Ernst Cassirer studierte zunächst Rechtswissenschaft in Berlin, wechselte aber bald an die Philosophische Fakultät, um Vorlesungen zur Literaturwissenschaft und zur Philosophie zu hören. Dort begegnete er Georg Simmel, dessen lebensphilosophische Deutungen der Geschichte abendländischen Denkens ihn nicht beeindruckten. Cassirer wechselte 1896 an die Universität Marburg. Der Neukantianismus entsprach seinem Philosophieverständnis, insbesondere das ernsthafte Bemühen um Wissenschaftlichkeit unter Berücksichtigung des Methodenbewusstseins der Naturwissenschaften. Cassirer promovierte dort 1899 mit der Studie „Descartes' Kritik der mathematischen und naturwissenschaftlichen Erkenntnis", drei Jahre später publizierte er das nicht minder umfängliche Werk „Leibniz' System in seinen wissenschaftlichen Grundlagen". In der Beschäftigung mit der Metaphysik des neuzeitlichen Rationalismus mag man schon eine frühe, vorsichtige Distanzierung von den Hauptströmungen des Neukantianismus sehen, wenngleich sich die 1906 erfolgende Habilitationsschrift „Das Erkenntnisproblem in der Philosophie und Wissenschaft der neueren Zeit" noch weitgehend in den geordneten Bahnen der „Marburger Schule" bewegt.

Cassirer wechselte nach Berlin und unterrichtete dort von 1906 bis 1919 als Privatdozent, galt als einer der führenden Vertreter der Erkenntnistheorie und war aufgeschlossen für neue Themenfelder, denen er sich nun verstärkt zuwandte. Dazu gehörten Studien zur deutschen Klassik, etwa zu Goethe, Wilhelm von Humboldt und Kleist. 1910 erschien zudem das Werk „Substanzbegriff und Funktionsbegriff", eine tiefgründige erkenntnistheoretische Studie, die die Programmatik seines in den Jahren 1923 bis 1929 veröffentlichten, dreibändigen Hauptwerkes „Philosophie der symbolischen Formen" bereits enthält. Auf die Frage, wie der Mensch ein angemessenes Verständnis seiner selbst erwerben könnte, verwies Ernst Cassirer auf die von den Menschen selbst gestaltete Welt – und als grundlegend für das Selbst- und Weltverständnis wird zunächst die Sprache als das spezifisch Menschliche erkannt. Der Mensch ist sich selbst problematisch, als einziges Lebewesen. Auch darum stellt er diese Erkundungen an, die nicht als Selbstbespiegelung, sondern als Erkenntnisprozess zu verstehen sind. Der forschende Blick richtet sich also primär nicht auf die Welt, sondern er fokussiert den Erkennenden selbst. Wenn man die Subjektgebundenheit der Erkenntnis erörtert, so beginnt der Reflexionsprozess über die Phänomene in der Welt bei demjenigen, der diese Reflexionen anstellt. In der „Philosophie der symbolischen Formen" sind die drei Formen dieser Art ausgiebig reflektiert und vorgestellt, die Sprache und das mythische Denken sowie eine im dritten Band betriebene Phänomenologie der Erkenntnis.

Die wegweisende Einsicht gewinnt der Mensch bereits über die symbolische Form der Sprache. Diese wird als Medium begriffen, das der Mensch notwendig hervorgebracht hat, um sich zu verständigen, aber durch die Sprache lassen sich umgekehrt auch wieder Rückschlüsse auf das Wesen des Menschen ziehen, das freilich nicht in einer verbindlichen Definition erfasst, sondern nur anhand der kulturellen Schöpfungen beschrieben werden kann.

Der Mensch lebt Cassirer zufolge in einem „symbolischen Universum". Zu den symbolischen Formen zählt er im Weiteren Mythos, Religion, Geschichte, Wissenschaft und Kunst. Im Prozess der Objektivierung durch Erkenntnis bildet die Sprache den ersten Schritt. Ohne Sprache wäre weder eine Objektivierung noch eine „Repräsentation der Welt" möglich. Es bliebe bei einem „dumpfen Fühlen", einem „unklaren Eindruck von Realität", während mittels der Sprache die „passive

Aufnahme einzelner Sinnesdata" zu einer „konstruktiven und spontanen Sicht des Universums" führt: „Die Sprache erweist sich als unverzichtbar nicht nur für den Aufbau unserer Gedankenwelt, sondern auch für den Aufbau unserer Wahrnehmungswelt." Der einzelne Eindruck wird sprachlich zum Symbol der durchgehenden systematischen Verfassung umgebildet. Diese Umwandlung lässt die „Substanz" unverändert, modifiziert wird lediglich ihre „logische Form".

Die Existenz der Form ist an die empirische Wirklichkeit gebunden: „Die Materie ist stets nur in Bezug auf die Form, wie andererseits die Form nur in Beziehung auf die Materie gilt." Die Auflösung des Gegensatzes von Denken und Sein soll nicht in einem „absoluten Urgrund der Dinge" gesucht werden, sondern in dem „festgefügten System von Bedingungen" der „allgemeinen Funktionsformen der rationalen und empirischen Erkenntnis". Erst in Relation zu diesem System erhalten Aussagen über das erkennende Subjekt und die Welt einen „verständlichen Sinn". Indem der Anspruch, die substanzielle Einheit zu erfassen als nicht erreichbar und im Hinblick auf die Pluralität der Menschen in ihrer jeweiligen, differenzierten wie komplex strukturierten Individualität zurückgewiesen wird, erklärt Casssirer die „funktionale Einheit" für möglich. Nicht ein „vinculum substantiale", sondern ein „vinculum functionale" verbindet die Menschen miteinander, also kein substanzielles, sondern ein funktionales Band, nämlich in Hinsicht auf den Begriff der symbolischen Form.

Über diese Formen lässt sich die Mannigfaltigkeit kultureller Objektivationen des Geistes erkennen. Die „in sich geschlossene und in sich beharrende Einheit der Form" umschließt den „verfließenden Inhalt". Kulturphilosophische Erkenntnistheorie versucht die Symbolbedeutung aufzuschließen, den verborgenen Gehalt in den Symbolen zu enträtseln, um das „Leben, aus dem sie hervorgegangen sind, wieder sichtbar zu machen". Cassirer prägt somit ein „funktionales Wahrheitsideal": „Der Schwerpunkt liegt nicht mehr im bloßen Resultat der Erkenntnis, sondern in dem, was sie selbst als bildende Kraft ist und bedeutet. Nicht die Weite des Umfangs, sondern die Klarheit und die Reinheit, die Schärfe und die Strenge der Erkenntnis bildet ihre eigentliche Grundnorm."

Von 1919 bis 1933 amtierte Ernst Cassirer als Professor für Philosophie an der Universität Hamburg, in dieser Zeit war er Rektor, von 1929 bis 1930, als erster Wissenschaftler jüdischer Abstammung in Deutschland überhaupt. Nach der Machtergreifung durch die Nationalsozialisten begab er sich mit seiner Familie zunächst nach England. Vergeblich hatte er gehofft, dass eine umfassende Beschäftigung mit den Formen der Kultur, mit Literatur, Philosophie und Musik, mit Wissenschaft und Forschung, den Menschen immun machen könnte gegen die totalitäre Herrschaft und gegen die Versprechungen von Ideologien. 1935 folgte die Übersiedlung nach Göteborg, wo Cassirer einen Lehrstuhl an der dortigen Universität erhielt. Von 1941 bis 1944 lehrte er an der Yale Universität in New York und wechselte 1944 an die Columbia Universität.

Er veröffentlichte in den Vereinigten Staaten noch ein großes Werk, im Jahr 1944 den „Essay on Man", auf Deutsch: „Versuch über den Menschen", ein Buch mit summarischem Charakter. Cassirer beschreibt den Menschen hier als „animal symbolicum": „Dem Philosophen ist es nicht gestattet, einen künstlichen Menschen zu konstruieren; er muss den wirklichen Menschen beschreiben ... Man kann den Menschen nur verstehen, wenn man sein Leben und sein Handeln versteht." Die klassischen anthropologischen Zuschreibungen werden als „verstiegene Spekulationen" beurteilt: „Aber was wir dann finden, sperrt sich gegen jeden Versuch, es auf eine einzige, schlichte Formel zu bringen. Widerspruch ist ein Grundmoment seines Daseins."

Der Anspruch, mit „absolut wissenschaftlicher Genauigkeit“ über den Menschen eine verbindliche Aussage treffen zu wollen, führt oftmals zu höchst fragwürdigen Ergebnissen. Cassirer erwähnt den „verblüffenden, höchst paradoxen Zug derartiger Theorien“, denn der „eigentümliche Kontrast zwischen dem, was sie uns versprechen, und dem, was sie tatsächlich leisten“, sei unverkennbar. Menschliche Erkenntnis ist für ihn wesentlich symbolische Erkenntnis: „Erfahrung und Denken, Empirie und Philosophie befinden sich hier in gleicher Lage. Denn beide können das ‚An-sich‘ des Menschen nicht anders bestimmen, als dass sie es in den Erscheinungen aufweisen. Sie können die Erkenntnis vom ‚Wesen‘ des Menschen nur dadurch gewinnen, dass sie den Menschen in der Kultur und im Spiegel seiner Kultur erblicken; aber sie können diesen Spiegel nicht umwenden, um zu sehen, was hinter ihm liegt.“

Postum wurde 1946 die Schrift „Der Mythus des Staates“ veröffentlicht. An diesem Buch arbeitete Cassirer bis zuletzt. In seinem Werk zur politischen Philosophie analysierte er die nationalsozialistische Herrschaftsform. Verstorben war Ernst Cassirer bereits am 13. April 1945 im Alter von siebzig Jahren.

Edmund Husserl

Der heute gängige und weit über philosophische Diskurse hinaus verwendete Begriff der „Lebenswelt“ entstammt der phänomenologischen Forschung Edmund Husserls. Philosophie als strenge Wissenschaft zu betreiben war die feste Absicht dieses Denkers, der das Streben nach reiner und absoluter Erkenntnis als wesentlich ansah, um einem Skeptizismus oder Relativismus zu entgehen. Husserl wurde am 8. April 1859 in Proßnitz (Prostějov), Mähren, geboren. Er studierte von 1876 an Mathematik, Physik und Philosophie, zunächst in Leipzig und Berlin, schließlich in Wien. Im Jahr 1882 erfolgte die Promotion in Mathematik, ein Jahr später auch in Philosophie. 1887 habilitierte sich Husserl in Halle mit der Schrift „Über den Begriff der Zahl. Psychologische Analysen". Er lehrte an der dortigen Universität als Privatdozent und verfasste in den folgenden Jahren eine Reihe von philosophischen Schriften. 1891 erschien die „Philosophie der Arithmetik", 1900 und 1901 veröffentlichte er zwei Bände mit dem Titel „Logische Untersuchungen". 1901 erhielt Husserl einen Ruf an die Universität Göttingen, 1916 wechselte er nach Freiburg. Dort lehrte er bis zu seiner Emeritierung am 31. März 1928. Einer seiner Assistenten in Freiburg war Martin Heidegger, mit dem er eng zusammenarbeitete. 1929 hielt Husserl viel beachtete Vorträge an der Sorbonne in Paris und publizierte die „Formale und transzendentale Logik". Edmund Husserl wurde 1936 von den nationalsozialistischen Machthabern die Lehrbefugnis entzogen. Reisen ins Ausland zu philosophischen Kongressen wurden ihm verweigert. Das Rektorat der Freiburger Universität erteilte dem international anerkannten Philosophen 1937 Hausverbot. Ein Jahr später, am 27. April 1938, starb Edmund Husserl im Alter von 79 Jahren in Freiburg.

Philosophisch war es Husserls Absicht, die Untersuchung der Gegenstände beizubehalten, jedoch sollte auch das erkennende Subjekt in seinen intentionalen Akten verstärkte Berücksichtigung erfahren. Husserl verstand seine Philosophie als transzendentale Bewusstseinsforschung. Jede ursprüngliche Anschauung konnte als Quelle der Erkenntnis aufgefasst werden, vermittels einer Wesensschau sollte die Wahrheit unmittelbar in den Blick des erkennenden Subjekts rücken. Husserl betrieb, so wurde ihm vorgeworfen, eine Psychologisierung der Transzendentalphilosophie, da er entsprechend seiner Theorie die unabhängig bestehende Gegebenheit einer Welt, in welcher das erkennende Subjekt sich orientiert, nicht anerkennen könne. Was das Subjekt in der Wesensschau erkennen kann, sind – wie Husserl sich korrigierte – offensichtlich doch keine idealen Wesenheiten, sondern Idealisierungen, die im Rahmen der jeweiligen „Lebenswelt" konfiguriert sind.

Die „Lebenswelt" des Subjekts ist diesem in seinem Prozess der Erkenntnis nur bedingt bewusst, auch wenn diese Erkennen und Handeln unverwechselbar prägt. So ist beispielsweise die religiöse Grundstimmung ein solches Muster, ebenso das Bekenntnis zum Atheismus, und natürlich zählen hierzu auch ganz einfache, habitualisierte Verhaltensmuster, die lebensweltlichen Charakter einnehmen. Dies überlagert die Ausrichtung auf die Wirklichkeit, so dass auch das Bewusstsein einer existenziellen Krise entstehen könne, da das erkennende Subjekt schließlich durch einen beträchtlichen Realitätsverlust gekennzeichnet sei. Das Subjekt gestaltet die Welt nach eigenem Entwurf, es konstruiert die Sphäre seines Erlebens auch anhand der ihm gegebenen Muster, mit denen es die Deutung der Wirklichkeit vornimmt. Husserls Auffassung zufolge soll die Philosophie diese Konstruktion der Wirklichkeit begreifen und anhand dieser das Subjekt neu in den Blick nehmen, um die Vollzüge des Erkennens zu durchleuchten, und sich schließlich wieder den Gegenständen zuwenden.

Husserl bemühte sich um eine Besinnung auf die Vernunft, um diese gegen die drohende Relativität, aber auch gegen die Zufälligkeit zu behaupten, konstatierte gleichwohl eine unabweisbare Krise der europäischen Zivilisation, die auch in den totalitären Herrschaftsformen des Kommunismus, Faschismus und Nationalsozialismus ihren adäquaten Ausdruck fand.

Edmund Husserl verabscheute in der Philosophie jegliches Pathos. Den Überschwang, der sich mit gewagten, verstiegenen Thesen verband, wies er nüchtern zurück. Husserl forderte eine disziplinierte Untersuchungsmethode, akribische Genauigkeit und beklagte den Verlust der „rationalen Kultur", zivilisatorische Rückschritte, während der wissenschaftliche Fortschritt in den Naturwissenschaften kontinuierlich und linear verlaufe. Die Krise der Kultur in den dreißiger Jahren erweise sich als Krise der Geisteswissenschaften überhaupt, vor allem auch der Philosophie, da offenbar beide daran scheiterten, den Menschen zu einer vernünftigen Lebensweise zu verhelfen, und zwar auf dem Weg der Einsicht. Die philosophischen Strömungen der zwanziger und dreißiger Jahre würden die Gesellschaft und die Zeit nur begleiten, ohne korrigierend Stellung zu beziehen oder mit vernünftigem Einspruch in das sich abzeichnende Geschehen einzugreifen. Husserls Diagnose zufolge zeigen sich die Geisteswissenschaften ohnmächtig, insbesondere der machtvoll agierende Positivismus, der die Philosophie auf bloße Methodik reduziert und als einzige Ausrichtung die Faktizität von objektiv feststellbaren Tatsachen fokussiert. Die Forderung aber, dass sich auch die Philosophie den berechtigten Sinnfragen zu stellen habe, kommt 1936 historisch zu spät, da die nationalsozialistische Herrschaft in Deutschland bereits seit drei Jahren besteht.

Es ist auch fraglich, ob Husserls gewiss berechtigte Kritik an der Philosophie seiner Zeit zu einer Abmilderung der zivilisatorischen Krise beigetragen hätte, wenn diese früher artikuliert worden wäre. Zeitgemäß erscheinen Husserls Betrachtungen über den Verlust eines Bezugs zur Welt der Gegenstände. Die „Lebenswelt" und die mit positivistischer Methode fassbare Welt des Objektiven fallen auseinander. Die Theorien des Objektiven überlagern die lebensweltlichen Bezüge, ohne aber eine verstehbare Aussage über die Welt des täglichen Erlebens treffen zu können. Husserls Bemühung zielt darauf, dieser naturwissenschaftlich geprägten Ausrichtung auf die Erkundung einer objektiven Wahrheit der Gegenstände die transzendental-phänomenologische Theorie entgegenzustellen, dass in der außerwissenschaftlichen Lebenserfahrung des Bewusstseins etwas gebildet wird, was der objektiv feststellbaren Welt des Gegenständlichen Geltung verleiht. Mit anderen Worten: Die „Lebenswelt" gilt auch als Grundlage für die so genannten exakten Wissenschaften, da nur in ihr die Sinnfrage beantwortet ist, warum man überhaupt Wissenschaft betreibt. Doch bleibt die von Husserl behauptete Idee einer „Urstiftung" der Vernunft in Europa ohnmächtig gegen den scheinbar allmächtig wütenden Ungeist seiner Zeit. Husserl war zutiefst enttäuscht und verbittert, dass einer seiner begabtesten Schüler, der Existenzphilosoph Martin Heidegger, offenkundig nicht durch die Kraft seines Denkens immun war gegen die Ideologie des Nationalsozialismus, der er zeitweilig verfiel.

III. Heidegger und seine Zeit

An den Phänomenen der Welt – an dem Seienden, in dem das Sein gegenwärtig ist – eilt der Mensch geschäftig vorüber, mag er in sich die „Zerrissenheit des Seins", von der Karl Jaspers spricht, in Andeutungen spüren oder in selbstgewisser Indifferenz sich ignorant dieser gegenüber verhalten. Der Mensch bewegt sich durch „Sein" und „Zeit", als hätte er in egozentrischer Manie die Welt der Gegenstände verloren und damit auch sich selbst vergessen. Den philosophischen Affekt des Staunens versucht Martin Heidegger auf den Wegen des Denkens, auf den „Holzwegen" und dem „Feldweg" unter dem Himmel von Meßkirch im Schwarzwald, in der Besinnung auf die Einfachheit und die Etymologie der Sprache ebenso neu zu vergegenwärtigen, wie er sich anschickt, die „Frömmigkeit des Denkens" wiederzugewinnen, die im Fragen selbst aufscheint.

Keine Gestalt der abendländischen Philosophie im 20. Jahrhundert hat so viele Irritationen ausgelöst wie Heidegger, der aufgrund der Sprachgewalt seines Werkes und der Weite seines Denkens, aber auch durch seine charismatische Persönlichkeit zu faszinieren wusste. Wie verstörend und befremdlich mutet seine Rektoratsrede von 1933 an, wie tragisch seine zeitweilige Affinität zum Nationalsozialismus und wie betrüblich sein Schweigen zu den eigenen Irrtümern nach 1945. Ungeachtet der Begleitumstände, die sich mit der Gestalt des bedeutendsten Philosophen des 20. Jahrhunderts verbinden, erfährt sein Werk die Resonanz, die ihm gebührt, und weiß bis heute auf eine ganz eigene, mitunter bezwingende Weise zu faszinieren. Zugleich zeigt sich etwas Verstörendes, ein Denken, das – wie Hannah Arendt einmal bemerkte – „bohrende Qualität“ hat und, wie Heidegger selbst gesagt hätte, sich in der „Beunruhigung des eigenen Daseins“ zeigt, einer Beunruhigung, die zutiefst philosophisch ist.

Heideggers Lebensweg

Geboren wurde Martin Heidegger am 26. September 1889 in Meßkirch. Er entstammte einfachen Verhältnissen. Sein Vater arbeitete als Mesner an der örtlichen Kirche. Durch ein Stipendium, das der Pfarrer vermittelt hatte, konnte Martin Heidegger ab 1903 das Gymnasium in Konstanz besuchen, um eine höhere Bildung zu erwerben. Die Fortsetzung der Schullaufbahn erfolgte von 1906 an im erzbischöflichen Seminar in Freiburg. Dort legte er das Abitur ab. Kurze Zeit später, 1909, immatrikulierte sich Martin Heidegger als Priesterseminarist für Theologie und Philosophie. Die Gedankengebäude, die er sich nun vergegenwärtigte, insbesondere der Neukantianismus jener Zeit, beeindruckten Heidegger nachhaltig. 1911 schied er aus dem Priesterseminar aus. Statt Theologie studierte er nun Mathematik, Geschichte und Naturwissenschaften. Promoviert wurde Heidegger 1913 mit der Studie „Die Lehre vom Urteil im Psychologismus“, zwei Jahre später erfolgte die Habilitation bei dem Neukantianer Heinrich Rickert über „Die Bedeutungs- und Kategorienlehre des Duns Scotus“. Das Phänomen der Sprache beschäftigte ihn schon zu jener Zeit. Nach Abschluss des Habilitationsverfahrens wurde Heidegger zum Kriegsdienst einberufen. Leidenschaftslos unterstützte er die kämpfenden Truppen, zuständig für Post und Wetterbeobachtung.

1919 distanzierte sich Heidegger vom Katholizismus. In einem Brief an den Freund und Theologen Engelbert Krebs heißt es: „Erkenntnistheoretische Einsichten, übergreifend auf die Theorie geschichtlichen Erkennens haben mir das System des Katholizismus problematisch und unannehmbar gemacht – nicht aber das Christentum und die Metaphysik (diese allerdings in einem neuen Sinne) …" Die Freundschaft mit Edmund Husserl, dem führenden Denker der Phänomenologie, vertiefte sich. Heidegger arbeitete eng mit Paul Natorp zusammen und nahm Kontakt zu Karl Jaspers auf. 1923 erhielt Heidegger eine außerordentliche Professur in Marburg. Tief blieb die Verwurzelung in der Heimat, das Gefühl der Zugehörigkeit zum einfachen Leben im Schwarzwald. In Todtnauberg ließ Heidegger eine Hütte für sich und seine Familie bauen. Er schreibt: „Meine ganze Arbeit ist von der Welt dieser Berge und Bauern getragen und geführt … Sobald ich wieder hinaufkomme, drängt sich schon in den ersten Stunden des Hüttendaseins die ganze Welt der früheren Fragen heran, und zwar in der Prägung, in der ich sie verließ. Ich werde einfach in die Eigenschwingung der Arbeit versetzt und bin ihres verborgenen Gesetzes im Grunde nicht mächtig."

Die Marburger Zeit war geistig höchst fruchtbar. Heidegger arbeitete sein philosophisches Hauptwerk aus, „Sein und Zeit", das 1927 erschien. Der Grundgedanke dieses Buches ist die Frage nach dem Sinn von Sein überhaupt, eine Frage, die auf das Subjekt des Erkennens selbst verweist, auf das Verständnis des Menschen, der in seiner Frage nach dem Sein auch sich selbst als fraglich erfährt und begreift: „Der Seinssinn des Daseins ist nicht ein freischwebendes Anderes und ‚Außerhalb' seiner selbst, sondern das sich verstehende Dasein selbst." In Marburg lernte Heidegger 1925 die 19-jährige Studentin Hannah Arendt kennen und lieben. Die kurzzeitige Beziehung beendete er noch im selben Jahr, da er weder seine akademische Laufbahn noch seine Ehe gefährden wollte. 1928 wurde Heidegger an die Universität Freiburg berufen. Er übernahm den Lehrstuhl Edmund Husserls. Seine berühmt gewordene Antrittsvorlesung trug den Titel „Was ist Metaphysik?".

Mit Anteilnahme und innerer Zustimmung begrüßte Martin Heidegger die Ernennung Hitlers zum Reichskanzler. Der Philosoph erhoffte sich von der Schwungkraft der nationalsozialistischen Bewegung neue Impulse, vor allem für das geistige Leben in Deutschland. Am 21. April 1933 trat Heidegger das Amt des Rektors der Freiburger Universität an. Dazu aufgefordert hatte ihn Professor Wilhelm von Möllendorf, ein Sozialdemokrat, der das Rektorat nicht antreten, aber Dekan seiner Fakultät bleiben durfte. Heidegger zauderte. Mit Übernahme des Rektorates wurde er zu einem Funktionär des Regimes. Dass nationalsozialistisch gesinnte Studenten Propagandaschriften verbreiteten, verhinderte Heidegger. Am 1. Mai desselben Jahres trat er der NSDAP bei.

Heidegger rühmte in der Rektoratsrede vom 27. Mai 1933 die „Größe und Herrlichkeit dieses Aufbruchs" und pries die „Volksgemeinschaft". Er forderte eine neue Ausrichtung der Universität nach antikem Vorbild. Die Rektoren wurden als „Führer der Hochschule" aufgefasst. Führend sollte nach Heideggers Ansicht die Philosophie inmitten der Wissenschaften werden, führend vorausgehen sollten die Professoren, die zu wahren Führergestalten der Studenten werden könnten. Heideggers Enthusiasmus zeigt seine politische Verblendung. Er widersetzte sich Forderungen, auch an der Freiburger Universität müsse eine Bücherverbrennung stattfinden, gleichwohl blieb er selbst der nationalsozialistischen Idee und Partei treu. Heidegger forderte eine Akademie für Dozenten in Berlin, so dass die künftigen Professoren in Philosophie geschult werden könnten.

Nach fast einem Jahr, am 23. April 1934, reichte Heidegger sein Gesuch ein, das Amt des Rektors aufgeben zu dürfen, unter anderem, weil zwei Dekane, die das NS-Regime ablehnten, zum Rücktritt gezwungen worden waren, darunter auch von Möllendorf. Vier Tage später wurde seinem Ersuchen stattgegeben. Heidegger selbst sah in seinem Schritt eine Distanzierung vom NS-Regime. Allerdings hatten die Machthaber auch nur zögerlich oder abweisend auf seine Ideen zur Hochschulpolitik reagiert, so dass Unzufriedenheit über die Resonanz seiner Anregungen ein weiteres Motiv gewesen sein könnte. Gelegentlich wurde Heidegger nun selbst überwacht. Er zog sich aus dem politischen Leben zurück. 1944 zählte er zu der Gruppe der Dozenten, die für den Volkssturm eingezogen wurden. Das Kriegsende löste bei Heidegger eine schwere psychische Krise aus. Zudem traf ihn das Lehrverbot der Alliierten.

Am 26. September 1951 wurde Heidegger emeritiert. Von diesem Zeitpunkt an erhielt er die „venia legendi“ zurück. Unversehens nahm er seine Vorlesungstätigkeit wieder auf. Die Lehrveranstaltungen wurden gut frequentiert. Heideggers Werk „Sein und Zeit“ wurde in viele Sprachen übersetzt. Ungeachtet aller Heimatverbundenheit und gleichbleibender Liebe zu Todtnauberg unternahm der Philosoph etliche Reisen, die ihn in die Schweiz, nach Italien und Griechenland führten. Er war ein gefragter Redner, in berühmt gewordenen Vorträgen jener Zeit sprach er etwa über „Gelassenheit“ und den „Satz der Identität“. Vertieft beschäftigte er sich mit Lyrik, weitere Publikationen folgten.

Am 26. Mai 1976 starb Martin Heidegger im Alter von 86 Jahren in Freiburg. Begraben wurde er wunschgemäß in seinem Heimatort Meßkirch. Die Sterbeglocke der Pfarrkirche Sankt Martin läutete zu seinem Requiem. An den Klang der Glocken seiner Kindheit hatte sich Martin Heidegger gern erinnert: „Die geheimnisvolle Fuge, in der sich die kirchlichen Feste, die Vigiltage, und der Gang der Jahreszeiten und die morgendlichen, mittäglichen und abendlichen Stunden jedes Tages ineinanderfügten, so dass immerfort ein Läuten durch die jungen Herzen, Träume, Gebete und Spiele ging …“ Zur Beisetzung rezitierte der Sohn Verse von Friedrich Hölderlin.

Was ist Philosophie?

Nach Heideggers Verständnis besteht neben allen Einzelwissenschaften die Philosophie als „allgemeine Wissenschaft“, neben den anderen und gleichsam diesen auch vorgeordnet, als bestimmende Form der Erkenntnis, die die Suche nach Wahrheit mit der Gestaltwerdung des sich selbst fraglichen Menschen verbindet. Nur wenn die Philosophie bestimmend ist, besteht das Gefüge der Universität in der Vielfalt ihrer Disziplinen in bester Ordnung, nur durch die Philosophie erhält das Studium überhaupt die „rechte Weite“ und „Abrundung“.

Das Zentrum philosophischen Denkens ist die Metaphysik, die nur deswegen gemeinhin als Sammelsurium unglaubwürdig gewordener Systeme und fragmentarischer Gedanken erscheint, weil sie als Wissenschaft noch nicht vollständig entfaltet sei. Heidegger fasst die Philosophie als etwas „Eigenständiges“ und „Letztes“ auf. Erst wenn die Metaphysik wirklich ausgearbeitet sein wird, ein Vorhaben, um welches sich die Denker der Neuzeit seit Descartes bemühen, mag man verstehen, was sie tatsächlich ausmacht, worin ihr Kern und Wesen besteht und wie sie zum „Segen der Menschheit“ ihre Wirkung erlangt: „Oder ist das alles mit der Philosophie als der absoluten Wissenschaft ein Irrglaube? Nicht etwa nur deshalb, weil der Einzelne oder eine Schule dieses Ziel nie erreichen, sondern weil von Grund aus die Zielsetzung selbst ein Irrtum und eine Verkennung des innersten Wesens der Philosophie ist. Philosophie als absolute Wissenschaft – ein hohes, nicht überbietbares Ideal. So scheint es. Und doch ist vielleicht schon allein die Abschätzung der Philosophie an der Idee der Wissenschaft die verhängnisvollste Herabsetzung ihres innersten Wesens."

Philosophie soll nicht „Weltanschauung" sein, die in subjektivistische Zuschreibung verfällt, nicht die „persönliche Überzeugung", dargeboten auf dem „großen Jahrmarkt" der Belanglosigkeiten, eine „Verlogenheit"; ganz anders ist sie als die übrigen Wissenschaften, nämlich nur aus sich selbst und als sie selbst bestimmbar. Würde die Philosophie bloß mit einer anderen Wissenschaft verglichen, so käme dies einer „unberechtigten Herabsetzung" ihres Wesens gleich.

Auch die Geschichte der Philosophie beantwortet nicht die Frage nach dem, was sie nun eigentlich ausmacht. Heidegger schreibt: „Wir lernen Meinungen über die Metaphysik kennen, aber nicht sie selbst. So führt auch dieser zuletzt noch gebliebene Weg in eine Sackgasse. Ja, er birgt die größte Täuschung in sich, weil er immer vortäuscht, aufgrund des historischen Wissens wüssten wir, verständen wir, hätten wir, was wir suchen."

Heidegger möchte an den Anfang dieses Fragens, in den Ursprung zurückführen und damit die Philosophie durch den Philosophierenden wieder auf sich selbst wenden, um der „Metaphysik ins Gesicht zu sehen". Nicht auf Umwegen, nur aus sich selbst heraus lässt sich die Philosophie erfassen. Niemand gewinnt sie durch fremden Zugriff, nicht aus zweiter Hand und nicht aus Verweisen von etwas anderem: „Sie selbst ist nur, wenn wir philosophieren. Philosophie ist Philosophieren." Da wir wenig vom Menschen wissen, wissen wir auch nicht zu philosophieren: „Wie soll uns nicht das Philosophieren als ein menschliches Tun im Dunkel dieses [unseren] Wesens verhüllen? Philosophie – so wissen wir wohl obenhin – ist keine beliebige Beschäftigung, mit der wir uns nach Laune die Zeit vertreiben, kein bloßes Sammeln von Kenntnissen, die wir uns jederzeit leicht aus Büchern beschaffen, sondern – wir wissen es nur dunkel – etwas im Ganzen und Äußersten, worin eine letzte Aussprache und Zwiesprache des Menschen geschieht. Denn wozu wären wir sonst hierher gekommen? Oder sind wir nur so hierher geraten, weil andere auch hingehen, oder weil wir gerade zwischen fünf und sechs eine freie Stunde haben, in der es sich nicht lohnt nach Hause zu gehen? Warum sind wir da? Wissen wir, womit wir uns einlassen?"

Philosophie bestimmt Heidegger als „letzte Aussprache", als Zwiegespräch mit sich selbst, das den Menschen ganz und gar erfasst, der das Heimweh nach dem Ganzen der Welt verspürt und zu diesem Ganzen gerufen ist, in der Endlichkeit seines eigenen Seins. Der Mensch ist endlich als Vereinzelter, nicht indem er sein „kleines Ich" übersteigert und es für die Welt hält, sondern durch die Vereinsamung, in der der Mensch sich zur Welt verhält. Der Mensch, den Heidegger als „Narr der Zivilisation" und „Hüter der Kultur" auffasst, wird von der Metaphysik, als Heimweh verstanden, getrieben und erfasst, so dass er die entscheidenden Fragen stellt: „Was ist Welt, Endlichkeit, Vereinzelung? Jede dieser Fragen fragt in das Ganze. Es genügt nicht, dass wir solche Fragen kennen, sondern entscheidend wird, ob wir solche Fragen wirklich fragen, ob wir die Kraft haben, sie durch unsere ganze Existenz hindurch zu tragen. Es genügt nicht, dass wir solchen Fragen nur unbestimmt oder schwankend nachhängen, sondern dieser Trieb, überall zu Hause zu sein, ist in sich zugleich das Suchen der Wege, die solchen Fragen die rechte Bahn öffnen. Hierzu wiederum bedarf es des Hammers des Begreifens, derjenigen Begriffe, die eine solche Bahn brechen können. Es ist ein Begreifen und es sind Begriffe ureigener Art." Begreifen kann nur, wer von diesen Fragen und diesem Fragen ergriffen ist, denn dieses Begreifen ist keine „beliebige Beschäftigung", sondern es vollzieht sich, es geschieht in der Grundstimmung der Ergriffenheit.

Die vermeintlichen Wege zur Philosophie nennt Heidegger oft „Holzwege", etwa über die Geschichte der Philosophie, weil sie in eine Sackgasse führen oder das eigentliche Zentrum nur umkreisen, ohne es je erfassen zu können. Ohne inneres Beteiligtsein sammeln solche Historiker der Philosophie fruchtlose Kenntnisse. Schwierig sei es, so führt Heidegger aus, dabeizubleiben, da die Philosophie, sobald ernsthaft nachgefragt werde, sich in ein „eigentümliches Dunkel" entziehe, in das Dunkel des menschlichen Daseins überhaupt, so dass wir sehen, wie eng die Frage „Was ist Metaphysik?" mit der Frage „Was ist der Mensch?" verbunden ist. Wer in der Ergriffenheit „verankert" ist, vermag die Fragen der Philosophie, der Metaphysik zu stellen: „Metaphysik ist ein Fragen, in dem wir in das Ganze des Seienden hineinfragen und so fragen, dass wir selbst, die Fragenden, dabei mit in die Frage gestellt, in Frage gestellt werden … Die metaphysischen Begriffe begreifen ja immer den begreifenden Menschen und sein Dasein mit in sich – nicht nachträglich, sondern so, dass sie nicht jenes sind ohne dieses, und umgekehrt. Kein Begriff des Ganzen ohne Inbegriff der philosophierenden Existenz. Metaphysisches Denken ist inbegriffliches Denken im doppelten Sinne: auf das Ganze gehend und die Existenz durchgreifend."

Das entfremdete Selbst oder das „Man"

In „Sein und Zeit", einem nahezu unerschöpflichen Werk subtiler Reflexionen zur existenziellen Verfassung des Menschen, sowohl in seiner Ungeschichtlichkeit wie auch im Blick auf die Besonderungen der Moderne, erörtert Heidegger die Struktur kollektiver Anonymität, das Eingefügtsein des Menschen in ein herdenhaftes, farblos-allgemeines „Man". Die vom Philosophen hier aufgewiesenen Beobachtungen und Deutungen lassen sich als Fortschreibung der Reflexionen aus soziologischer Sicht von Friedrich Engels und Émile Durkheim verstehen, als Fortführung des Gedankens der Entfremdung, der von Hegel in bestimmender Diktion in der „Phänomenologie des Geistes" aufgebracht wurde.

Heidegger kennt die Stadien der Entwicklung dieses Begriffs, formuliert aber neu, bezwingend wie prägnant, die Entfremdung des Selbst in der Moderne, als sei mit dem beherrschenden „Man" das Zeitalter der Geistlosigkeit endgültig angebrochen: „Alles Ursprüngliche ist über Nacht als längst bekannt geglättet … Jedes Geheimnis verliert seine Kraft." In stumpfer Alltäglichkeit treiben die Individuen dahin, nicht als sie selbst, sondern hingegeben an die „Manheit", in der jeder Einzelne austauschbar ist, ein vorübergehendes Phänomen, ohne souveräne Selbstbehauptung und frei von jeglichen Konturen.

Getan wird, was „Man" tut, ohne Reflexion, fern des Selbstbewusstseins. Unbedingt nötig ist es, dass „Man" sich einfügt und anpasst. Nicht die Selbstständigkeit ist das Ziel der geistigen Entwicklung, sondern die Genese eines geräuschlos integrierbaren und schließlich auch selektierbaren „Man": „Man selbst gehört zu den Anderen und verfestigt ihre Macht. ‚Die Anderen', die man so nennt, um die eigene wesenhafte Zugehörigkeit zu ihnen zu verdecken, sind die, die im alltäg-

Entfremdung vom Ursprung. Kritik d Moderne

lichen Miteinandersein zunächst und zumeist *‚da sind‘*. Das Wer ist nicht dieser und nicht jener, nicht man selbst und nicht einige und nicht die Summe Aller. Das ‚Wer‘ ist das Neutrum, das *Man*."

Innerhalb des „Man" vermag sich das Individuum auch zu verbergen. Die vom „Man" vorgeprägte Konformität gilt es zu erfüllen. In das „Man" eingebunden gibt das Individuum die Verantwortlichkeit auf. Es versinkt im Allgemeinen, ohne besondere Merkmale und ohne besondere Identität: „Das Man ist überall dabei, doch so, dass es sich auch schon immer davongeschlichen hat, wo das Dasein auf Entscheidung drängt. Weil das Man alles Urteilen und Entscheiden vorgibt, nimmt es dem jeweiligen Dasein die Verantwortlichkeit ab. Das Man kann es sich gleichsam leisten, dass ‚man‘ sich ständig auf es beruft. Es kann am leichtesten alles verantworten, weil keiner es ist, der für etwas einzustehen braucht. Das Man ‚war‘ es immer und doch kann gesagt werden, ‚keiner‘ ist es gewesen. In der Alltäglichkeit des Daseins wird das meiste durch das, von dem wir sagen müssen, keiner war es."

In dem „Man", das eigentlich nicht mehr ist als die Summe individuellen Tuns und Denkens, verbirgt sich der Einzelne, indem er auch die schuldhafte Verstrickung leugnet und abweist, delegiert an ein „Man", das nicht zu fassen ist und an die Stelle des Selbst getreten ist, eines Selbst, das in sich zugleich anwesend-beteiligt wie abwesend-unbeteiligt ist, nichts von Verantwortung für das Tun und Lassen wissen mag und sich sogar darauf versteigt, dass in dem Agieren des „Man" niemand individuell schuldig geworden ist. Zu den Seinsweisen des „Man" zählt Heidegger den Abstand von den Dingen, die Durchschnittlichkeit und die Einebnung des Unterschiedlichen. Das „Man" konstituiert seiner Auffassung nach die so genannte „Öffentlichkeit", die alles verdunkelt und das Verdeckte als jedermann zugänglich ausgibt.

Dem „Man" schreibt Heidegger zugleich eine Aufgabe zu, eine entlastende Funktion. Durch das „Man" verliert das Sein die Schwere. Wer nicht verantwortlich ist und sich verbirgt im „Man", nimmt tendenziell alles leicht. Doch gerade durch dieses Ausweichen und Delegieren der Verantwortlichkeit verfestigt sich das „Man". Es wächst und gewinnt an Kraft. In stumpfer Alltäglichkeit ist das Selbst ein „Man-selbst", kein ergriffenes, zu sich selbst entwickeltes Selbst. Das „Man" zeichnet die Weltauslegung vor. Es legt die Grenzen der Durchschnittlichkeit fest. Wer dem „Man" ausschließlich verhaftet bleibt, vermag das Wesentliche, sein Selbst, nur zu verfehlen.

Nicht das „Man" abzustreifen ist für Heidegger wesentlich, sondern die Entfaltung der Individualität innerhalb des „Man", in dem die Eigenheit ausgeformt ist, ohne die Bindung an die anderen einzubüßen. Somit begreift er das „eigentliche Selbstsein" nicht als „Ausnahmezustand des Subjekts", sondern als eine „existenzielle Modifikation des Man als eines wesenhaften Existenzials". Indem die Strukturen des Daseins durchleuchtet werden, bricht das Selbst aus der Abgeschlossenheit des bloßen „Man" aus, ohne es gänzlich zu verlassen. Es wird gewissermaßen in diesem ein Anderes, ein eigentliches Selbst: „Gerede und Zweideutigkeit, das Alles-gesehen- und Alles-verstanden-haben bilden die Vermeintlichkeit aus, die so verfügbare und herrschende Entschlossenheit des Daseins vermöchte ihm die Sicherheit, Echtheit und Fülle aller Möglichkeiten seines Seins zu verbürgen. Die Selbstgewissheit und Entschiedenheit des Man verbreitet eine wachsende Unbedürftigkeit hinsichtlich des eigentlichen befindlichen Verstehens. Die Vermeintlichkeit des Man, das volle und echte ‚Leben' zu nähren und zu führen, bringt eine *Beruhigung* in das Dasein, für die alles ‚in bester Ordnung' ist, und der alle Türen offenstehen. Das verfallende In-der-Welt-sein ist sich selbst versuchend zugleich *beruhigend*."

Diese Beruhigung bedeutet jedoch nicht Apathie oder Tatenlosigkeit, sondern die „Hemmungslosigkeit“ ungezügelter Betriebsamkeit: „In diesem beruhigten, alles ‚verstehenden‘ Sichvergleichen mit allem treibt das Dasein einer Entfremdung zu, in der sich ihm das eigenste Seinkönnen verbirgt. Das verfallende In-der-Welt-sein ist als versuchend-beruhigendes zugleich *entfremdend*.“ Der Prozess des Erkennens, des Durchsichtigwerdens des Selbst und seiner Verfallenheit, öffnet indessen bereits den Raum für die Möglichkeit des Selbstseins.

(Berechtigte) Kritik d. Moderne + „Back to the roots“ - Metaphysik → Regressiv...

Was ist Angst?

Sören Kierkegaard, der Begründer der Existenzphilosophie, hat das Phänomen Angst als erster Philosoph mit seinen Implikationen aufgewiesen und als entscheidend für das menschliche Dasein, für die bedrängte Individualität, dargelegt. Die Analyse der Angst erfolgte bei Kierkegaard aus der Perspektive seines Ringens mit dem Christentum. Die Angst verortete er im menschlichen Dasein in der Verfallenheit des Menschen an die Erbsünde, zugleich aber auch in dem gestörten Verhältnis des Selbst zu sich selbst. Heidegger bezieht sich in „Sein und Zeit“ auf die Kierkegaardschen Bestimmungen und variiert doch in einer verdichteten Form die Reflexion auf dieses Phänomen in einer Weise, die zugleich deutlich seine ganz eigene Art zu philosophieren illustriert.

Angst wird als „Grundbefindlichkeit“ bestimmt. Wie die Angst, so ist auch die Furcht eine Haltung zum Dasein, mit dieser verbunden, jedoch nicht identisch. Wovor der Mensch sich fürchtet, dem sucht er zu entgehen. Er flieht vor dem Bedrohlichen. Zurückzuweichen vor dem Existenzgefährdenden ist eine Form der Distanzierung von der Welt, anders als die Verfallenheit an das „Man", die eine andere Art der Flucht ist. Heidegger schreibt: „Die Interpretation der Furcht als Befindlichkeit zeigte: das Wovor der Furcht ist je ein innerweltliches, aus bestimmter Gegend, in der Nähe sich näherndes, abträgliches Seiendes, das ausbleiben kann. Im Verfallen kehrt sich das Dasein von ihm selbst ab. Das Wovor dieses Zurückweichens muss überhaupt den Charakter des Bedrohens haben; es ist jedoch Seiendes von der Seinsart des zurückweichenden Seienden, es ist das Dasein selbst. Das Wovor dieses Zurückweichens kann nicht als ‚Furchtbares' gefasst werden, weil dergleichen immer als innerweltlich Seiendes begegnet. Die Bedrohung, die einzig ‚furchtbar' sein kann und die in der Furcht entdeckt wird, kommt immer von innerweltlichem Seienden her."

Die Abwendung, die Abkehr gründet aber in der Angst, die die Furcht erst ermöglicht. Die Angst wurzelt vor einer Einbindung in das „In-der-Welt-sein als solchem", sie ist nicht objektgebunden, nicht innerweltlich greifbar, sondern vollkommen unbestimmt, weiß sich auch nicht bedroht von einem Seienden – vielmehr ist das innerweltlich Seiende für sie gar nicht bedeutsam, irrelevant. Das Drohende nähert sich nicht, das „Wovor der Angst" ist erzeugt in der Unbestimmtheit. Nichts kann sich nähern, was die Angst weitertreibt, denn das Drohende ist immer schon da, „und doch nirgends, es ist so nah, dass es beendet und einem den Atem verschlägt – und doch nirgends": „Im Wovor der Angst wird das ‚Nichts ist es und nirgends' offenbar. Die Aufsässigkeit des innerweltlichen Nichts und Nirgends besagt phänomenal: *das Wovor der Angst ist die Welt als solche*."

Die Angst ängstigt sich vor dem „In-der-Welt-sein" selbst. Das Beengende kann nicht gefasst, nicht bestimmt werden, es ist die Welt selbst, und es ist in seiner ungreifbaren Bedrohlichkeit allgegenwärtig und lähmend. In der Angst versinkt die Welt. Das innerweltliche Seiende verschwindet in diesem Bewusstseinszustand: „Die ‚Welt' vermag nichts mehr zu bieten, ebensowenig das Mitdasein Anderer. Die Angst benimmt so dem Dasein die Möglichkeit, verfallend sich aus der ‚Welt' und der öffentlichen Ausgelegtheit zu verstehen. Sie wirft das Dasein auf das zurück, worum es sich ängstet, sein eigentliches In-der-Welt-sein, das als verstehendes wesenhaft auf Möglichkeiten sich entwirft. Mit dem Worum des Sich-ängstens erschließt daher die Angst das Dasein *als Möglichsein* und zwar als das, das es einzig von ihm selbst her als vereinzeltes in der Vereinzelung sein kann."

Die Angst kennzeichnet eine Unheimlichkeit, in der sich die Unbestimmtheit des bereits erwähnten „Nichts und Nirgends" erneut ausdrückt. Unheimlichkeit heißt für Heidegger weiter, dass in der Angst das „Nicht-zuhause-sein" erfahren wird, statt in sich gefestigt und beruhigt zu sein, in einem selbstverständlichen Beheimatetsein im eigenen Selbst, zerfällt die Vertrautheit des alltäglichen Dahinlebens. Der Mensch in Angst treibt hinein in das „Man", sucht Begegnungen und Geselligkeit, in die Welt, in der die anderen ihre Rollen spielen: „Die verfallende Flucht *in* das Zuhause der Öffentlichkeit ist Flucht *vor* dem Unzuhause, das heißt der Unheimlichkeit, die im Dasein als geworfenen, ihm selbst in seinem Sein überantworteten In-der-Welt-sein liegt. Diese Unheimlichkeit setzt dem Dasein ständig nach und bedroht, wenngleich unausdrücklich, seine alltägliche Verlorenheit in das Man. Diese Bedrohung kann faktisch zusammengehen mit einer völligen Sicherheit und Unbedürftigkeit des alltäglichen Besorgens. Die Angst kann in den harmlosesten Situatioen aufsteigen."

Die Angst greift nach dem Menschen, in der nebelhaften Gestalt einer Unheimlichkeit, die für die anderen weder sicht- noch begreifbar ist. Am schärfsten zeigt sich die Angst vor dem Tod. Der „Mut zur Angst" darf unter der Herrschaft des

„Man" nicht aufkommen. Der Tod wird verdrängt oder mit vermeintlicher Souveränität akzeptiert: „Die Herrschaft der öffentlichen Ausgelegtheit des Man hat auch schon über die Befindlichkeit entschieden, aus der sich die Stellung zum Tode bestimmen soll. In der Angst vor dem Tode wird das Dasein vor es selbst gebracht als überantwortet der unüberholbaren Möglichkeit. Das Man besorgt die Umkehrung dieser Angst in eine Furcht vor einem ankommenden Ereignis. Die als Furcht zweideutig gemachte Angst wird überdies als Schwäche ausgegeben, die ein selbstsicheres Denken nicht kennen darf. Was sich gemäß dem lautlosen Dekret des Man ‚gehört', ist die gleichgültige Ruhe gegenüber der ‚Tatsache', dass man stirbt. Die Ausbildung einer solchen ‚überlegenen' Gleichgültigkeit *entfremdet* das Dasein seinem eigensten, unbezüglichen Seinkönnen."

Heideggers Spätwerk

Der geplante zweite Band von „Sein und Zeit", der dann mutmaßlich den Titel „Zeit und Sein" getragen hätte, blieb ungeschrieben. Die Frage nach dem Sinn des Seins, die Heidegger umtrieb, führte zu einer neuen Auseinandersetzung mit dem Wahrheitsbegriff. Die eigentümliche Liebe zu den Ursprüngen zeigte sich in der Etymologie. Sprachgeschichtliche Wurzeln für die Begriffe der Philosophie zu finden, an den Anfang, in den Ursprung zurückzukehren, dies war nach Heideggers Verständnis der Weg philosophischen Denkens, ein Denken, das von einem tiefen Ernst getragen sein soll – in Abgrenzung von der „Eitelkeit der Literaten", die mit spielerisch-ironischer Urbanität eine Beliebigkeit verschiedener Standpunkte einnehmen und austauschen, als hätten sie alles längst gewusst und gesagt.

Ressentiment gg. Intellektuelle, „Entwurzelte", Stadt, (Zivilisation ?), Vernunft (s.o.)

Es gilt, nach dem Wesentlichen zu fragen, die Vordergründigkeit des so genannten „gesunden Menschenverstandes" zu erschüttern: „Weit wesentlicher als der Scharfsinn und die Strenge der begrifflichen Durchdringung, die wir vielleicht benötigen und die der Wissenschaft gegenüber eigener Art bleibt, ist der Ernst, diese Fragen auf ihrem rechten Weg zu halten, damit sie dem dienen, was dem Philosophieren aufgegeben ist: *nicht das Bewusstsein des Menschen zu beschreiben, sondern das Dasein im Menschen zu beschwören.* Das Beschwören geschieht nicht durch eine Zauberei und mystische Schau, sondern durch die Nüchternheit eines begrifflichen Fragens, eines Fragens vielleicht, das im Unterschied von allem wissenschaftlichen Forschen nie in ein umgrenztes Gebiet sich hineinbringen und in dessen Gehege sich tummeln kann, sondern eines Fragens, das im Fragen allererst *sich den Frageraum bilden muss* und im Fragen allein ihn *offenzuhalten* vermag."

Mit den Fragen den Raum des Denkens offenzuhalten und den Ernst der Philosophie überhaupt zu beschwören, ihre Geschichte nicht als ein „Narrenhaus" zu nehmen im Widerstreit letztlich beliebiger Meinungen, sondern den Blick auf das Wesentliche zu suchen und weder von bloßen Ansichten des „gesunden Menschenverstandes" noch von der lähmenden Tradition sich einengen zu lassen, dies zu verwirklichen ist Heidegger leidenschaftlich bemüht. Die Wahrheit der menschlichen Existenz zeigt sich als „Unverborgenheit", die der Mensch nicht herstellen, aber prozessual erfahren kann, welches aber gänzlich unbeachtet bleibt, sofern dieser Mensch sich im Stadium der „Seinsvergessenheit" befindet und sich an dem bloß zufällig Seienden aufhält, nicht aber die Frage nach dem Sinn des Seins zu stellen weiß: „Indem es das Wort Sinn von Sein zugunsten von Wahrheit des Seins aufgibt, betont das aus *Sein und Zeit* hervorgegangene Denken

Das Denken muss bekehrt werden … zum „Sein“

künftig mehr die Offenheit des Seins selbst als die Offenheit des Daseins … Das bedeutet die ‚Kehre', in der das Denken sich immer entschiedener dem Sein als Sein zuwendet."

Zur „Seinsvergessenheit" finden sich Parallelen in Heideggers Welt. Er diagnostizierte die Langeweile, die sich in der „Sucht zum Zeitvertreib" aufspüren lässt, als uneingestandene Sehnsucht, als das „verborgene Heimweh", den Verlust von Sinn und die Unfähigkeit, den Sinn von Sein zu suchen in einer Welt, in der der Mensch nur noch unbehaust ist, ohne dies doch in rechter Weise zu begreifen: „Die Menschen werden vielmehr täglich und stündlich fortgezogen in fremde, anlockende, aufreizende, bisweilen auch unterhaltsame und belehrende Bezirke. Diese bieten freilich keinen bleibenden, verlässlichen Aufenthalt; sie wechseln unausgesetzt vom Neuen zum Neuesten. Durch all dies gebannt und fortgezogen, zieht der Mensch gleichsam aus." Inmitten dieses Stromes des Flüchtigen, Nichtigen und Beliebigen kommt sich der Mensch sozusagen selbst abhanden. Er siedelt sich, so Heidegger, möglicherweise in der „Heimatlosigkeit" an oder aber es erwacht in ihm ein neues Bedürfnis nach einem Zuhause.

Martin Heideggers Auseinandersetzungen mit der Technik zeigen das staunenswerte Missverhältnis des Menschen in der Moderne: „Der Mensch ist auf dem Sprunge, sich auf das Ganze der Erde und ihrer Atmosphäre zu stürzen, das verborgene Walten der Natur in der Form von Kräften an sich zu reißen und den Geschichtsgang dem Planen und Ordnen einer Erdregierung zu unterwerfen. Derselbe aufständige Mensch ist außerstande, einfach zu sagen, was *ist*, was dies *ist*, dass ein Ding *ist*." Mittels der Technik vermag der Mensch mit den Dingen zu arbeiten, nicht aber sie zu begreifen und auch nicht mit ihnen verantwortlich umzugehen. Die Technik wird zu einem Moment der Entdeckung der Welt, wie sie sich von selbst nicht zeigen würde, und ist als Form der Beherrschung andererseits gleich die Deutung der Welt, in der die Natur wie ein beliebig zuhandenes Mittel genutzt und verbraucht wird, rücksichtslos. Nicht mehr traditionelle Werkzeuge werden entwickelt, es entsteht eine Bruchlinie, so dass die Technik auch über den Menschen hinauswächst, während er selbst vielfach schon als „Menschenmaterial" benutzt wird – als „human resource", wie es in der Sprache zeitgenössischer Ökonomen heißt. Statt „Nutzung" der Natur erfolgt eine „Vernutzung" und führt zu einschneidenden Veränderungen, wie Heidegger am Beispiel des Rheins zeigt: „Das Wasserkraftwerk ist nicht in den Rheinstrom gebaut, wie die alte Holzbrücke, die seit Jahrdas Kraftwerk verbaut. Er ist, was er jetzt als Strom ist, nämlich Wasserdrucklieferant, aus dem Wesen des Kraftwerks."

Heidegger wehrte sich gegen eine Dämonisierung der Technik. Er suchte diese vielmehr zu verstehen, äußerte zugleich auf vielfältige Weise seine Sorge, etwa dass der Mensch eines Tages versuchen könnte, „den Menschen so zu machen, das heißt rein seinem organischen Wesen nach so zu konstruieren, wie man ihn braucht", doch töricht sei es, sich gegen die Technik aufzulehnen. So bleibt ein altes Wort, mit dem Martin Heidegger eine Haltung bezeichnet, die der Philosoph auf seinen Wanderungen über Feld- und Waldwege rings um Todtnauberg immer wieder zeigte, die er in der bäurischen Lebensart erkannte und die ihn am Ende seines eigenen Weges auch selbst erfüllte – Gelassenheit und zugleich die „Offenheit für das Geheimnis". Gelassenheit im Umgang mit der Technik bedeutet, die Gegenstände sachgerecht zu nutzen und sich zugleich freizuhalten, sich jederzeit wieder von ihnen zu lösen, erfüllt von der „Gelassenheit zu den Dingen".

In sorgfältigen Reflexionen zur Lyrik Hölderlins und zur Sprache, dem „Haus des Seins", findet Heideggers Philosophie ihren Abschluss – er, der sich selbst wie den Menschen überhaupt als „Hirt des Seins" auffasst, beschäftigte sich am Ende des Lebens mit der Mystik Meister Eckharts. Die Seinsfrage bewegte ihn noch immer. Was ist das Sein? Findet sich überhaupt eine Antwort auf diese Frage? „Doch das Sein – was ist das Sein? Es ist Es selbst. Dies zu erfahren und zu sagen, muss das künftige Denken lernen. Das ‚Sein' – das ist nicht Gott und nicht ein Weltgrund. Das Sein ist weiter denn alles Seiende und ist gleichwohl dem Menschen näher als jedes Seiende, sei dies ein Fels, ein Tier, ein Kunstwerk, eine Maschine, sei es ein Engel oder Gott. Das Sein ist das Nächste. Doch die Nähe bleibt dem Menschen am weitesten."

Wer sich sorgsam die Philosophie Heideggers vergegenwärtigt, mag die geistige Kraft spüren, die sich in dieser artikuliert, und darf, ob in der Haltung der Zustimmung oder Ablehnung, eines wichtigen Momentes immer gewiss sein – dass Martin Heidegger niemals anders als in vollem Bewusstsein um den Ernst der Sache des Denkens philosophierte und unverzagt zu staunen vermochte: „Alles Seiende ist im Sein. Solches zu hören, klingt für unser Ohr trivial, wenn nicht gar beleidigend. Denn darum, dass das Seiende in das Sein gehört, braucht sich niemand zu kümmern. Alle Welt weiß: Seiendes ist solches, was ist. Was steht dem Seienden anderes frei als dies: zu sein? Und dennoch: gerade dies, dass das Seiende im Sein versammelt bleibt, dass im Scheinen von Sein das Seiende erscheint, dies setzte die Griechen, und sie zuerst und sie allein, in das Erstaunen."

Philosophische Anthropologie

Mit dem schmalen Werk „Die Stellung des Menschen im Kosmos" begründete Max Scheler seine Position innerhalb der philosophischen Anthropologie. Die Frage „Was ist der Mensch?" hatte auch Ernst Cassirer als eigentliche Konsequenz der kritischen Philosophie Kants herausgearbeitet. Bei Scheler erfolgte noch einmal eine Besinnung auf die metaphysische Dimension des Menschen. Der Philosoph stand gänzlich im Widerstreit der zu seiner Zeit markant artikulierten Begriffe „Geist" und „Leben", also zwischen einer Philosophie des Geistes, die die Besonderheit des Intellekts stets hervorzuheben vermochte, und einem Vitalismus, der auch die nur schwer zu zügelnden Mächte des Leiblichen zu berücksichtigen versuchte.

Max Scheler wurde am 22. August 1874 in München geboren. Seit 1894 studierte er Medizin, Psychologie und Philosophie, zunächst in seiner Heimatstadt, später in Berlin und Jena. Scheler hörte zudem Vorlesungen in Nationalökonomie und Geografie. 1897 erfolgte die Promotion, 1899 die Habilitation in Jena. Im selben Jahr konvertierte er zum Katholizismus. Schelers Vater war ein zum Protestantismus übergetretener Jude, seine Mutter entstammte einer orthodox-jüdischen Familie. Die religiöse Frage bewegte, ja beherrschte Max Scheler zeitlebens. Von 1900 bis 1905 unterrichtete er an der Universität Jena, von 1906 bis 1910 in München. Er wurde nach Konflikten mit der Universitätsleitung aus dem Lehrbetrieb verwiesen und arbeitete als freier Publizist. Außerdem hielt er Vorträge. 1912 veröffentlichte er die Schrift „Das Ressentiment im Aufbau der Moralen", ein Jahr später die Abhandlung „Zur Phänomenologie und Theorie der Sympathiegefühle und von Liebe und Hass" sowie „Der Formalismus in der Ethik und die materiale Wertethik". In der letztgenannten Schrift wollte Scheler gegen Kants scheinbar formalistische Moralphilosophie ein apriorisches System von sittlichen Werten setzen. Die Werte beanspruchen objektive Gültigkeit, sie können nicht erkannt, aber fühlend erfasst werden. Unterschieden werden sie in sinnliche, vitale und geistige, heilige und profane Werte.

Wie viele andere engagierte sich auch Max Scheler als Intellektueller im Ersten Weltkrieg. Er arbeitete zeitweilig im Dienst des Auswärtigen Amtes. 1919 wurde er zum Professor für Philosophie an der Universität Köln ernannt. Max Scheler veröffentlichte 1921 die religionsphilosophische Studie „Vom Ewigen im Menschen". Weiterhin überarbeitete er seine Studien zur Sympathie, die dann in neuer Fassung 1923 als „Wesen und Formen der Sympathie" veröffentlicht wurden. Immer stärker orientierte sich Scheler an Themen der philosophischen Anthropologie. Der Mensch wird als ein „so buntes, mannigfaltiges Ding" beschrieben, „dass die Definitionen alle ein wenig zu kurz greifen". Eine universell gültige Theorie über das Wesen des Menschen lehnt Scheler ab. Diese würde zwangsläufig reduktionistisch sein, zudem hätte ein „definierbarer Mensch" letztlich „keine Bedeutung" mehr.

Scheler erörtert den Gedanken der Weltoffenheit des Menschen. Der Mensch wird als ein Lebewesen verstanden, das die Bedingungen seiner Existenz selbst schafft, als „Pionier für die geistige Schöpfung der Kultur". Der Mensch wird aufgefasst als „das X, das sich in unbegrenztem Maße ‚weltoffen' verhalten kann", und seine „Menschwerdung" vollzieht in der „Erhebung zur Weltoffenheit kraft des Geistes". Als weltoffenes Wesen verbindet sich der Mensch notwendigerweise mit der Welt. Er bezieht Stellung und nimmt Anteil an ihr. Die Gabe des Geistes zwingt ihn hierzu. Ein Tier ist in seinen Lebenskreislauf fest integriert. Dieser ist dem Tier niemals fraglich. Der Mensch hingegen trägt die „Weltoffenheit" mit sich, in rückhaltloser Offenheit begegnet er dem, was ihn umgibt. Das Welt-Haben ist an die Individualität der Person geknüpft. Jeder „individuellen Person" entspricht zugleich eine „individuelle Welt", die „konkrete Welt" als „Welt einer Person". Der Bezug zur Welt ist sprachlich konfiguriert und kulturell vermittelt. Die Pluralität individueller Welten bildet „unbeschadet ihrer Welttotalität“ im Verbund miteinander den „Makrokosmos“.

Schelers Bestimmung zufolge kommt dem Menschen eine metaphysische Sonderstellung im Ganzen der Natur zu, die auf dem Prinzip des Geistes beruht, der diametral den vier Schichten der menschlichen Psyche gegenübersteht, die mit dem Stufenbau der organischen Natur übereinstimmen – Gefühlsdrang, triebhafter Instinkt, assoziatives Gedächtnis und praktische Intelligenz. Hierdurch erklärt sich die anthropologische Voraussetzung eines sich selbst problematischen, zugleich um diese Schwierigkeit wissenden Menschen, der zu Einsichten über sich selbst durch eine radikale Neubesinnung gelangen will. Der Mensch bleibt jedoch immer Teil der Natur, auch wenn eine durch den Geist bedingte „existenzielle Entbundenheit vom Organischen“ besteht. Die Entbundenheit von der Natur und von jeder „triebhaften ‚Intelligenz‘“ bleiben die kontrastierten Eigenheiten des Menschen von Geist und Leben, auch in ihrer wesenhaften Verschiedenheit aufeinander bezogen und angewiesen.

1928 wurde Max Scheler als Professor für Philosophie und Soziologie an die Universität Frankfurt berufen. Im selben Jahr starb er am 19. Mai im Alter von 53 Jahren. Die Abhandlung „Die Stellung des Menschen im Kosmos“ erschien postum. Religiöse Themen bewegten den Philosophen bis zuletzt, so vor allem der ihn beherrschende Glaube, dass Gott und Mensch aufeinander zutiefst angewiesen seien. Es war Schelers Überzeugung, dass der Unterschied zwischen Menschen, die Gott suchten und solchen, die Gott nicht suchten, größer sei als die Differenz zwischen Mensch und Tier.

Nicht die „Unspezialisiertheit als Körper“ lässt sich als das wesentliche Charakteristikum des Menschen bestimmen, sondern vielmehr die dem Menschen aufgegebene, eigentümliche

Geistigkeit, die ihn zum „Vollender“ und „Apostaten der Natur“ macht, der als letzte Entwicklungsstufe der Evolution gilt, als „höchstes Produkt“ in der langen Kette organischer Lebensformen, jedoch nicht im Sinne einer positiven Wertung oder Akzentuierung. Lediglich eine nüchterne Feststellung ist dies, der Mensch wird als Resultat einer langen Entwicklung des Organischen aufgefasst. Diese Auffassung hat Helmuth Plessner vertreten. Am 4. September 1892 wurde er in Wiesbaden geboren. Er studierte von 1910 an Medizin und Zoologie, danach Philosophie, in Freiburg, Göttingen und Heidelberg.

Sowohl neukantianische als auch phänomenologische Theorien rezipierte Plessner ausgiebig. 1916 promovierte er an der Universität Erlangen mit der Studie „Krisis der transzendentalen Wahrheit im Anfang“, 1920 erfolgte die Habilitation an der Kölner Universität mit einer Abhandlung zur Urteilskraft. Sein erstes, weithin bekanntes Werk publizierte Plessner 1923, „Die Einheit der Sinne“. Er lehrte in Köln, erst als Privatdozent, später als außerordentlicher Professor und veröffentlichte in kurzer Folge umfangreiche Studien zur philosophischen Anthropologie, darunter „Die Stufen des Organischen und der Mensch“ im Jahr 1928 und drei Jahre später „Macht und menschliche Natur“. Nach der Machtergreifung der Nationalsozialisten erfolgte die Übersiedlung nach Istanbul und später nach Groningen. Dort verfasste Plessner eine Studie, die später unter dem Titel „Die verspätete Nation. Über die politische Verführbarkeit des bürgerlichen Geistes“ bekannt wurde. Stets hatte er die Ausrichtung auf eine diffuse Gemeinschaft kritisiert und die Individualität der menschlichen Person in ihrer „exzentrischen Positionalität“ herausgestellt. Der Mensch suche nach Orientierung, anders als Scheler schreibt Plessner ihm aber keine metaphysische Sonderstellung zu: „Wir wissen nichts über die Zielkräfte der Evolution, nichts darüber, ob es so etwas wie Zielkräfte überhaupt gibt, die in der Gattung Mensch an ihr Ende gekommen sind und sich in ihr erschöpft haben." Der Mensch befinde sich zunächst im Stadium der vermittelten Unmittelbarkeit, daraufhin in der natürlichen Künstlichkeit, die oft als nur schwer erträglich beschrieben wird, und schließlich im Bereich der Utopie: „Nach dem Gesetz des utopischen Standorts ist der Mensch der Frage nach dem Sein ausgeliefert, das heißt, warum etwas ist und nicht lieber nichts. Diese Bodenlosigkeit, die schlechthin alles transzendiert, kann nur religiös beantwortet werden, weshalb keine Form von Menschsein ohne religiöses Verhalten zu finden ist, … ob das der Anthropologie ohne eine sinnhafte Direktion passt oder nicht."

In der philosophischen Anthropologie arbeitete auch Plessner mit der Kontrastierung des Menschen, der über Bewusstsein verfüge, und des Tieres, das in der Unmittelbarkeit lebe und dem es an jeglichem Reflexionsvermögen fehle. Das Fremde, das sich dem Tier zeigt, bleibt undurchsichtig und unerkannt. Das Tier kann reagieren, aber es kann mit der Situation „nie fertig werden". Es lebt in dem jeweiligen situativen Kontext „in sich selber gestellt, in ihm selbst aufgehend, geborgen und gefährdet zugleich". Dem Tier fehlt der „Sinn fürs Negative", auch aufgrund des mangelnden Bewusstseins. Darin liegt die „Schranke der tierischen Organisation", während der Mensch kraft seines Intellektes von sich selbst weiß. Das Tier bleibt im „absoluten Hier-Jetzt" befangen und nimmt die Position der Frontalität „in seiner gegen das Umfeld fremder Gegebenheit gerichteten Existenz" ein. Zugleich gesondert vom Umfeld, aber auch auf es bezogen, sich nur als „Leib", das heißt als „Einheit der Sinnesfelder" erfahrend, ist es gänzlich anders konstituiert als der Mensch, der sich „in die Mitte seiner Existenz gestellt" begreift, um diese weiß und diese erlebt. Daher ist er zugleich „über sie hinaus". Indessen hat der Mensch die Instinktsicherheit des Tieres eingebüßt.

An die Stelle reflexionsloser Frontalität setzt der Mensch „Freiheit" und „Voraussicht". Er „lebt nur, indem er ein Leben führt" und ist existenziell „künstlicher Dinge", der Kultur und Technik, bedürftig. Seine Handlungen sind bewusste Handlungen. Der Mensch weiß während seines Erlebens vom „radikalen Urhebertum seines lebendigen Daseins" und spürt den Widerstreit von Freiheit und Notwendigkeit. Er weiß, dass er „frei" ist. Das Bewusstsein der durch eigenes Handeln erst zu gestaltenden Möglichkeiten der Freiheit geht einher mit der erfahrenen Abhängigkeit von den Bedingungen menschlicher Existenz überhaupt. Zwischen Freiheit und Notwendigkeit stehend, befindet sich der Mensch „in eine Existenz gebannt, die ihn hemmt und mit der er kämpfen muss". Die animalische Existenz hingegen ist „zentrisch" geprägt. Menschliches Leben besteht in dem Paradox, in der Zentrierung zu leben, ohne sie „durchbrechen zu können", in ihr, aber „zugleich aus ihr heraus", also „exzentrisch" zu leben: „Exzentrizität ist die für den Menschen charakteristische Form seiner frontalen Gestelltheit gegen das Umfeld." Der Mensch lebt und erlebt – und „erlebt sein Erleben": „Dass er sich aber als Etwas erlebt, das nicht mehr erlebt werden kann, nicht mehr in Gegenstandsstellung tritt, als reines Ich (im Unterschied zu dem mit dem erlebbaren ‚Mich' identischen psychophysischen Individual-Ich) hat einzig und allein in der besonderen Grenzgesetztheit des Mensch genannten Dinges seinen Grund, schärfer gesagt: bringt sie zum Ausdruck."

Der Mensch muss sich „zu dem, was er schon ist, erst machen". Er lebt im Zentrum seiner Positionalität, ohne in dieser aufzugehen. Er steht in ihr und weiß zugleich von seiner „Gestelltheit". Als Teil der „Mitwelt" wird er von ihr gleichzeitig „getragen und gebildet". Das Bindeglied zwischen dem Menschen und der „Mitwelt" ist die Kultur, die Welt der geistigen Schöpfungen und Formen, die zwar als „Symptom des menschlichen Daseins“ gilt, ohne dass der Mensch auf diesem Wege einen passgenauen Schlüssel fände, um eine Wesensbestimmung vorzunehmen. Nur der Mensch vermag zur Welt um sich, zur „Mitwelt“, ein „echtes Gegenverhältnis“ zu entwickeln. Das Tier kann seiner „Tierheit“ niemals entkommen. So besehen befindet sich der Mensch außerhalb der übrigen organischen Lebensformen.

Die exzentrische Positionalität bedingt, dass der Mensch von Natur aus in Distanz zu sich und „über sich“ steht. Darum bedarf er der „Künstlichkeit“ als Verbindungsglied, um „mit sich und der Welt ins Gleichgewicht zu kommen“. Insofern ist diese „Künstlichkeit“, als Produkt des Geistes, nicht als eine bloße „Überkompensation von Minderwertigkeitskomplexen“ und organischen Mängeln, sondern als eine „vorpsychologische, ontische Notwendigkeit“ zu verstehen. Ohne das Vermögen des Geistes wäre der Mensch nicht mehr als ein „Spielball von Energien“, wie sie sich auch in der Welt der Materie finden.

Der Mensch bearbeitet innerhalb vorgegebener Formen, um sein Überleben zu sichern, die Natur, so dass ihm die umgestaltete Natur als Bedingung seiner Existenz gilt. Er erfindet, während Tiere nur etwas finden. Aber das, was der Mensch erfindet, ist als Möglichkeit in ihm bereits vorgebildet. So schreibt Plessner: „Weil der Mensch in dem Menschen ewig das gleiche anstrebt, wird er sich ewig anders und anders. Und weil ihm daraus subjektiv die Begierde nach etwas Anderem und Neuem, nach Umsturz, Abenteuer und neuen Ufern erwächst, glaubt er stets unerhörter Mittel zu ihrer Befriedigung zu bedürfen. Uns Menschen geschieht es zwar selten, dass wir eine Eselin suchen und ein Königreich finden. Wir finden, was wir suchen. Doch der Fund erfährt die Verwandlung und bisweilen wird aus einem Königreich auch eine Eselin. Es ist Gesetz, dass im letzten die Menschen nicht wissen, was sie tun, sondern es erst durch die Geschichte erfahren."

Nach dem Ende des Zweiten Weltkrieges wurde Helmuth Plessner 1952 an die Universität Göttingen berufen. Von 1952 bis 1961 amtierte er als Professor für Soziologie. Anthropologische Studien betrieb er weiterhin und entfaltete eine rege Publikationstätigkeit. Er veröffentlichte gesellschaftskritische Beiträge genauso wie Aufsätze zur Ästhetik. Am 12. Juni 1985 starb Plessner im Alter von 92 Jahren in Göttingen.

Arnold Gehlens Institutionenlehre gehört zum Kernbestand philosophischer Anthropologie im 20. Jahrhundert. Gehlen wurde am 29. Januar 1904 in Leipzig geboren und starb am 30. Januar 1976 in Hamburg. Umstritten war er lange Zeit wegen seiner Rolle zur Zeit des Nationalsozialismus. Zeitweilig war Gehlen im Buchhandel und Bankgewerbe tätig, ehe er, nach der Promotion bei Hans Driesch und eingehenden Studien zur Philosophie des Deutschen Idealismus, sich mit der Arbeit „Wirklicher und unwirklicher Geist" habilitierte. 1933 übernahm er den Lehrstuhl von Paul Tillich in Frankfurt am Main, nach dessen Emigration. Gehlen wurde 1934 auf den Lehrstuhl für Philosophie am Institut für Kultur- und Universalgeschichte in Leipzig berufen. Von 1938 bis 1940 war Gehlen Professor in Königsberg, anschließend an der Universität von Wien als Professor für Philosophie tätig, bis er zum Wehrdienst einberufen wurde. Der NSDAP trat Arnold Gehlen 1933 bei und blieb deren Mitglied bis Kriegsende. Auch hatte er zeitweilig erwogen, eine „Philosophie des Nationalsozialismus" zu verfassen, die aber ungeschrieben blieb. Seine philosophischen Werke, von der 1940 publizierten Schrift „Der Mensch", über „Urmensch und Spätkultur" bis hin zu „Moral und Hypermoral" im Jahr 1968, enthalten unverkennbar autoritäre, aber weder rassistische noch antisemitische oder biologistische Züge.

Gehlen wurde nach dem Krieg aus dem österreichischen Staatsdienst entlassen, ehe er 1947 an die Hochschule für Verwaltungswissenschaft in Speyer zum Professor für Psychologie und Soziologie berufen wurde. 1962 erhielt er den Lehrstuhl für Soziologie an der Technischen Hochschule in Aachen. Dort amtierte er bis zu seiner Emeritierung im Jahr 1969. An Gehlens Lebensweg erkennt man neben den wechselvollen historischen Zeitläuften auch die Durchlässigkeit der Fächergrenzen, war doch allein dieser Gelehrte für heute stark differenzierte Fächer innerhalb der Geisteswissenschaften zuständig.

Gehlens philosophische Anthropologie verbindet die Bestimmungen über das Wesen des Menschen von Nietzsche und Herder. Das Nichtfestgestelltsein als konstitutives Merkmal, die Instinktreduktion und der Antriebsüberschuss kennzeichnen den Menschen in seiner Welt, einer Welt, die er selbst erst durch seine Tätigkeit als handelnde Kreatur bearbeiten muss, um in ihr leben zu können. Von Natur aus ist der Mensch nach Gehlens Überzeugung auf Kultur angewiesen. Nur in ihr kann er ein einigermaßen gesichertes Leben führen. Der Mensch, als organisches, weltoffenes „Mängelwesen“ verstanden, ist existenziell auf Institutionen angewiesen. Gehlens Deutung zufolge ist die Weltoffenheit des Menschen ein „biologisch negativer Sachverhalt“, der besonders in Anbetracht der „organisch gar nicht angepassten Überflutung mit Wahrnehmungseindrücken“ als Belastung erlebt wird. Die Weltoffenheit ist jedoch gleichzeitig auch die Bedingung, „menschlich leben zu können“, sofern die „eigentätige Bewältigung dieser Weltoffenheit“ gelingt. Die Weltoffenheit wird als existenzgefährdende Belastung gedeutet, aber zugleich ist der Mensch auch ein „Prometheus“, der die seinem Dasein Halt gebenden Einrichtungen selbstständig hervorbringen kann. Um die Reizüberflutung zu ertragen und der unzweckmäßigen Fülle einströmender Eindrücke standzuhalten, bedarf es Formen der Distanzierung und Entlastung.

Gewissermaßen also vermag der Mensch die eigene Schwäche nicht nur durch stabile Institutionen zu kompensieren, sondern er verleiht auf diese Weise seinem Dasein verlässliche Dauerhaftigkeit. Aus den „Mängelbedingungen seiner Existenz" werden „Chancen seiner Lebensfristung". Der Begriff der Institution ist bei Gehlen sehr weit gefasst. Hierzu zählen die klassischen Einrichtungen des Gemeinwesens, aber auch etwa die Technik, die der Mensch entwickelt und mit der er die Umwelt umzuformen weiß, oder bestimmte habitualisierte Verhaltensweisen. Ohne Institutionen ist der Mensch überfordert, er bedarf ihrer zur Stabilisierung seines beständig gefährdeten Daseins. Die Institutionen gelten als Bändigungen der Verfallsbereitschaft des Menschen, das heißt, diese sollen ihn vor sich selbst schützen. Die institutionalisierte Schematisierung des Lebens als ein das menschliche Denken und Verhalten kennzeichnendes Phänomen erlaubt die Freisetzung von schöpferischen Kräften, macht die „Energiereserven" nutzbar, damit der Mensch im Rahmen seiner Möglichkeiten „ergiebig, erfinderisch, fruchtbar" wirken kann. Die Habitualisierung des Verhaltens, die Normierung alltäglicher Handlungen und die Distanzierung vom Druck der Außenwelt bildet die Voraussetzung zur „Schaffung einer mühelos gewordenen Basis der Leistungsverfeinerung".

Erst in der „eindeutig bekannten, überraschungslosen Welt" kann es sich der Mensch erlauben, ein Leben in Passivität und „Unaufmerksamkeit" gegen die ihn bedrängende Reizüberflutung zu führen – andernfalls wäre er gleichsam ein Lebewesen im Dschungel, das vor Gefahren ständig auf der Hut sein muss, dem aber die nötigen Instinkte zur Lebensbewahrung nur rudimentär gegeben sind –, da alles, was von außen auf ihn einströmt, institutionalisiert ist, ihn weder belastet noch beansprucht.

Die innere Stabilität gelingt dem „Wesen von chronischer Bedürftigkeit“, das den „Verlust des Freilebens mit Triebhypertrophie und Verdrängungszwang erkauft“, durch rituelles, habitualisiertes und selbstreflexives Handeln. Institutionen stellen die erforderlichen „Halt gebenden Mächte“ dar, durch die das jederzeit „riskierte Wesen“ Mensch sein Dasein sichern und fristen kann. Die Institutionen bilden eine zuverlässige „Grundlage der Lebensentscheidungen“. Als die vom Menschen selbst hervorgebrachten Formen, derer ein instabiles, „affektüberlastetes Wesen“ bedarf, um sich und andere zu ertragen, erhalten sie die gemeinsamen „Zwecke des Lebens“. Diese Zwecke gewähren durch ihren Zielcharakter Orientierung zu „endgültigen Bestimmtheiten“ des Handelns und stabilisieren das Innenleben, damit die mit fortwährendem Entscheidungsdruck einhergehende affektive Auseinandersetzung durch ständig zugemutete und als Zumutung erfahrene „Grundsatzentscheidungen“ auf ein erträgliches Maß reduziert wird. Die Institutionen sind ein „Schutz des Menschen gegen seine eigene Natur“.

Gehlen sah aber auch ihre Gefährdung, die er in seinen kulturkritischen Arbeiten in den fünfziger und sechziger Jahren des letzten Jahrhunderts eingehend beschrieben hat. Er fürchtete die Auflösung der institutionellen Stabilität. Eine „zu differenziert gewordene Kultur“ birgt das Risiko des Untergangs in sich durch zu weit getriebene Entlastung. Die Antriebsenergie wird nicht mehr kompensiert, die stabilisierenden Institutionen werden brüchig, das heißt, „das Recht wird elastisch, die Kunst nervös, die Religion sentimental“. Sobald die Institutionen verfallen, erleben die Ideologien einen Aufschwung, um die „ins Leere hängenden Überzeugungen durch bewusste Motivation und begriffliche Ausbauten sekundär zu stützen". Die Folgen sind fatal: das „praktische Gewohnheitsverhalten" zerfällt in der instabilen „Kultur der Subjektivität", endet in der „massenhaft ephemeren Überschussproduktion", die für die einfachen Antworten von Ideologien empfänglich macht und denen sich der Mensch, der der Reizüberflutung ausgesetzt ist und in dieser hilflos agiert, letztendlich verzweifelt anschließt.

Dass die Strukturen einer institutionellen Ordnung totalitäre Züge annehmen oder dass diese absoluten Ansprüchen widerstandslos dienstbar gemacht werden können, bleibt ein drängendes, von Gehlen weithin ignoriertes Problem. Ein unreflektiert akzeptierter Institutionalismus, der einzig das Ziel kennt, die Stabilität des Gemeinwesens zu gewährleisten, würde so die repressiven Ansprüche stützen und in eine autoritär verfasste Gesellschaft münden. Institutionen, so notwendig sie für die Sicherung des ungefährdeten, stabilen menschlichen Daseins sein mögen, müssen stets kritisierbar und reformierbar sein, da nicht vergessen werden darf, dass sie keinen Selbstzweckcharakter annehmen, sondern letztlich dem Menschen entscheidend dazu verhelfen sollen, sein Leben zu führen – so selbstbestimmt wie eben nur möglich.

Vom logischen Empirismus zur Wissenschaftstheorie

Die Disziplin Wissenschaftstheorie – heute vielfach auch „Wissenschaftsphilosophie" genannt – gehört zu den Neuerungen im weiten Feld der Philosophie des 20. Jahrhunderts. Metaphysische Fragestellungen aus dem Bezugsrahmen der Wissenschaft zu verbannen ist diesem Bereich der Philosophie eigentümlich. Wer Wissenschaftstheorie betreibt, bemüht sich darum, unter methodologischen Aspekten nach den Möglichkeiten von Wissenschaften zu fragen, die Ziele, aber auch die Grenzen wissenschaftlicher Erkenntnis zu bestimmen und die Aussagen, die als wissenschaftlich gelten, kritisch zu überprüfen. Aus den Reflexionen, die im logischen Empirismus und im so genannten „Wiener Kreis“ angestellt werden, entwickeln sich – in Fortführung dieser Gedanken oder in strikter Abgrenzung von ihnen – die übrigen Modelle der Wissenschaftstheorie, zu denen der maßgeblich von Karl R. Popper und Hans Albert geprägte kritische Rationalismus und der Konstruktivismus gehören.

Im kritischen Rationalismus wird die Möglichkeit absolut gewisser Erkenntnisse bestritten. Die Aussagen der Wissenschaft müssen kritisch geprüft werden können, um wissenschaftliche Geltung beanspruchen zu dürfen. Während der logische Empirismus sinnvolle Aussagen von sinnlosen Sätzen, etwa metaphysischen Vermutungen, unterscheidet, werden im kritischen Rationalismus die Aussagen der Metaphysik nur von nachprüfbaren Sätzen abgegrenzt. Es wird nicht behauptet, dass Metaphysik sinnlos sei, sondern unwissenschaftlich. Auch ist es nach Auffassung der Repräsentanten des logischen Empirismus nicht möglich, aus bloßen Erfahrungstatsachen allgemeine Gesetzmäßigkeiten abzuleiten. Die induktive Methode wird strikt abgelehnt, stattdessen soll eine Hypothese durch empirisches Material widerlegt werden.

Der Konstruktivismus hingegen bildet das sprachliche Inventar der Wissenschaftssprache erst heran. Dieses wird demnach konstruiert, um ein adäquates Begriffssystem für Logik, Mathematik, Natur-, Geistes- und Sozialwissenschaften zu entwickeln. Die Hauptannahme des Konstruktivismus ist, dass die Entwicklung einer Theorie an Gegebenheiten der jeweiligen „Lebenswelt“, um den Husserlschen Begriff aufzugreifen, gebunden ist. So ließe sich behaupten, dass ein Architekt, der sich mit der klassischen deutschen Philosophie von Fichte, Hegel und Schelling befasst hätte, andere Häuser entwirft, da er diesem geistesgeschichtlichen Horizont angehört. Ausgeführt wird der Konstruktivismus auch in bestimmten lerntheoretischen Versuchen, bei denen ersichtlich werden soll, dass die Bedeutung der Wörter an den Gebrauch derselben gebunden ist, so dass ein Erkenntnisweg über die Alltagssprache gesucht werden mag.

Betrachten wollen wir hier aber zunächst vor allem den logischen Empirismus, der vom „Wiener Kreis" vertreten wurde. Wie schon der Begriff nahelegt, werden Momente der erfahrungswissenschaftlich orientierten Philosophie mit der logischen Analyse verbunden. Es gibt wahre Aussagen, logisch-analytischer Art oder synthetischer Art, niemals aber synthetische Aussagen a priori, die also unabhängig von aller Erfahrung gebildet werden. Die Logizität dieses philosophischen Systems beruht auf der Entwicklung einer Sprache der Wissenschaften, die nur noch das als sinnvoll anerkennt, was auch zur logischen Syntax passt und schließlich das Sinnkriterium erfüllt, mithin eine sinnvolle Aussage ergibt. Die Sätze der Mathematik sind analytisch richtig und sinnvoll, alles Übrige muss empirisch nachweisbar sein, um das Kriterium der Wissenschaftlichkeit zu erfüllen. Metaphysische Probleme werden von Rudolf Carnap, einem der Hauptvertreter des logischen Empirismus, als „Scheinprobleme" bezeichnet.

Rudolf Carnap wurde am 18. Mai 1891 in Wuppertal geboren. Er studierte Mathematik, Physik und Philosophie zunächst in Jena, später in Freiburg. Dort promovierte er mit der Schrift „Der Raum", 1926 habilitierte er sich mit dem ersten großen Werk „Der logische Aufbau der Welt" und war somit einer der maßgeblichen Denker des „Wiener Kreises", der sich für die logische Analyse und von Erfahrungswissenschaft geleitete Ordnung der Wissenschaft einsetzte. Carnap war überzeugt, dass sich die Fragen, die sich durch die Metaphysik ergäben, durch eine logische Untersuchung der Sprache als nichtig erweisen ließen. Bis 1931 war Carnap Privatdozent in Wien, in dieser Zeit publizierte er das Buch „Scheinprobleme in der Philosophie", das 1928 erstmals veröffentlicht wurde. Über die Absicht seines Forschens schreibt Carnap: „Als man begann, mit der Forderung wissenschaftlicher Strenge auch in der Philosophie Ernst zu machen, musste man notwendig dahin kommen, die ganze Metaphysik aus der Philosophie zu verbannen, weil sich ihre Thesen nicht rational rechtfertigen lassen. Jede wissenschaftliche These muss sich rational begründen lassen … Das praktische Umgehen mit philosophischen Problemen und das Finden neuer Lösungen muss nicht rein denkmäßig geschehen, sondern wird immer triebmäßig bestimmt sein, wird anschauungsmäßige, intuitive Mittel verwenden. Aber die Begründung hat vor dem Forum des Verstandes zu geschehen; da dürfen wir uns nicht auf eine erlebte Intuition oder auf Bedürfnisse des Gemütes berufen. Auch wir haben ‚Bedürfnisse des Gemütes' in der Philosophie; aber die gehen auf Klarheit der Begriffe, Sauberkeit der Methoden, Verantwortlichkeit der Thesen, Leistung durch Zusammenarbeit, in die das Individuum sich einordnet."

Carnap war von 1931 bis 1935 in Prag tätig, als Professor für Naturphilosophie. Er emigrierte sodann in die Vereinigten Staaten von Amerika und lehrte in Chicago, bis er 1952 nach Princeton berufen wurde. Zwei Jahre später erfolgte der Ruf nach Los Angeles, an der dortigen Universität unterrichtete Carnap bis 1961. Rudolf Carnap war einer der maßgeblichen Fürsprecher der Kunstsprache Esperanto, die er schon in früher Jugend erlernt hatte. Leitend war diese Neigung hierfür offensichtlich auch bei seinem Buch „Logische Syntax der Sprache", das 1934 publiziert wurde. Darin hatte Carnap gefordert, die Philosophie durch eine wissenschaftlich fundierte Logik zu ersetzen, obgleich natürlich hier schon ein erkenntnistheoretischer Reduktionismus sichtbar war, der Problematisches als schlechthin unverständlich und bloß durch eine unklare Sprache bedingte Schwierigkeit abtat.

Seine Philosophie, die im strengen Sinne auch als gleichsam Anti-Philosophie gegen die klassische Metaphysik aufgefasst werden kann, bemühte sich um verlässliche Erkenntnis in den Bereichen, die der Methodologie der positivistisch verstandenen Wissenschaft zugänglich waren, doch zugleich war sich der Denker gewiss, dass die „stolze These", es gebe für die Wissenschaft keine grundsätzlich unlösbaren Aufgaben, mit der „demütigen Einsicht" verbunden werden könne, dass mit diesen Antworten schon sämtliche Fragen des Lebens gelöst seien. Nicht alle Fragen, die sich dem Menschen stellten, fänden eine befriedigende, letztgültige Antwort in der Wissenschaft. Zwar werde die Wissenschaft unterschätzt, doch zugleich sei es nicht sachgemäß, anzunehmen, dass das Leben selbst mit den „Mitteln der Wissenschaft" gestaltet werden könne.

Anzunehmen, die „Forderung des Lebens könne allein mit Hilfe der Kraft des begrifflichen Denkens" erfüllt werden, sei ein „kurzsichtiger Glaube". Manche „Lebensrätsel" mögen unlösbar sein. Auf diese lassen sich grundsätzlich keine Antworten finden: „Die ‚Lebensrätsel' aber sind keine Fragen, sondern Situationen des praktischen Lebens. Das ‚Rätsel des Todes' besteht in der Erschütterung durch den Tod eines Mitmenschen oder in der Angst vor dem eigenen Tod. Es hat nichts zu tun mit den Fragen, die sich über den Tod stellen lassen, wenn auch die Menschen, sich selbst missverstehend, zuweilen das Rätsel durch Aussprechen solcher Fragen zu formulieren glauben. Diese Fragen können von der Biologie grundsätzlich (wenn auch im heutigen Stadium nur zum geringen Teil) beantwortet werden, aber diese Antworten helfen dem erschütterten Menschen nicht, und darin zeigt sich jenes Selbstmissverstehen. Das Rätsel besteht vielmehr in der Aufgabe, mit der Lebensituation ‚fertig zu werden', die Erschütterung zu verwinden, vielleicht sogar für das weitere Leben fruchtbar zu machen." Die Philosophie, nach Carnaps Bestimmung, vermag hier nicht zu helfen, sondern muss quasi verstummen, da sie an die Grenzen der Erkenntnis gebunden bleibt und die Frage nach dem Sinn des Daseins nicht zu beantworten weiß. Carnap starb am 14. September 1970 in Santa Monica im Alter von 79 Jahren.

Ludwig Wittgensteins Werk findet Widerhall in der analytischen Sprachphilosophie, im logischen Positivismus und in der zeitgenössischen Linguistik, etwa in der Sprechakttheorie von John Searle. Auch Wittgenstein gehörte dem „Wiener Kreis" der logischen Empiristen an. Wittgensteins „Tractatus logico-philosophicus", publiziert im Jahr 1921, endet mit dem vielzitierten Ausspruch: „Worüber man nicht sprechen kann, darüber muss man schweigen." Probleme der Metaphysik werden aus dem Bereich der Philosophie verwiesen, und auch das Mystische gehört für Wittgenstein in einen gesonderten Bezirk jenseits der Sprache.

Geboren wurde Ludwig Wittgenstein am 26. April 1889 in Wien. Philosophie interessierte ihn zwar, doch studierte er Ingenieurwissenschaften. Nach dem Diplom in Berlin wechselte er 1908 an die Universität von Manchester. Dort arbeitete er an einem Projekt zur Verbesserung der Flugzeugpropeller, das 1911 patentiert wurde. Da Wittgenstein aber unvermindert Interesse an der Philosophie hegte, nahm er das Studium am Trinity College in Cambridge auf. Er beschäftigte sich mit logischen Problemen der Philosophie Bertrand Russells, zu dem er auch persönlich Kontakt aufnahm. Der hitzköpfige, aufbrausende Wittgenstein hinterließ bei Russell einen negativen Eindruck, den dieser aber alsbald nach näherer Bekanntschaft korrigierte.

1912 begann Wittgenstein mit der Ausarbeitung seines „Tractatus logico-philosophicus". Dass alle Philosophie wesentlich Sprachkritik sei, war eine vermessene Zuschreibung. Die philosophischen Probleme ließen sich nur durch eine Analyse der Sprache auf angemessene Weise verstehen. Dabei erkenne man auch, dass etliche dieser Fragestellungen überhaupt keine Probleme darstellten. Unsinnig sind nach Wittgensteins Auffassung Sätze, die sich nicht auf einen Gegenstand in der erfahrbaren Wirklichkeit beziehen. Auch ein „Wert", eine besondere Qualität, lässt sich nicht aussagen, sondern ausschließlich „erschweigen". Wittgenstein selbst erwartete von dem Leser seines Werkes nicht, dass er dasselbe übernehme, sondern dass dieser bei der Überwindung des von ihm selbst ausgeführten Gedankens erkenne, wo das Aussagevermögen der Sprache ende: „Meine Sätze erläutern dadurch, dass sie der, welcher mich versteht, am Ende als unsinnig erkennt, wenn er durch sie – auf ihnen – über sie hinausgestiegen ist." Die „Grenzen meiner Sprache" umschließen die „Grenzen meiner Welt": „Man könnte den ganzen Sinn des Buches etwa in die Worte fassen: Was sich überhaupt sagen lässt, lässt sich klar sagen; und wovon man nicht sprechen kann, darüber muss man schweigen."

Nach Abschluss des Werkes arbeitete Wittgenstein von 1920 an als Volksschullehrer in Österreich. Die pädagogische Aufbereitung des Schulstoffs behagte ihm nicht, auch die Atmosphäre des Lernens an den Schulen entsprach nicht seinem wissenschaftlich geprägten Zugang zu den Themen. Wittgenstein suchte sich ein neues Betätigungsfeld und arbeitete zeitweilig als Gehilfe in einem Klostergarten. Seit 1926 beschäftigte er sich mit Architektur, gemeinsam mit Paul

Engelmann gestaltete er ein kubistisches Palais in Wien, das seine Schwester Margarethe mit ihrer Familie nach der Fertigstellung bezog. Dieses Haus wurde zum Zentrum des „Wiener Kreises". Wittgenstein selbst hatte an den Plänen für dieses Gebäude mit großer Leidenschaft gearbeitet: „Die Arbeit an der Philosophie ist – wie vielfach die Arbeit an der Architektur – eigentlich mehr die/eine Arbeit an Einem selbst. An der eigenen Auffassung. Daran, wie man die Dinge sieht (Und was man von ihnen verlangt)."

Wittgenstein kehrte 1929 nach Cambridge zurück und promovierte mit dem „Tractatus logico-philosophicus" bei Bertrand Russell. Wenig später konnte er an der Universität unterrichten, zum Professor für Philosophie wurde er 1939 berufen. Eine Rückkehr nach Deutschland während der NS-Zeit war ausgeschlossen. Er wirkte bis 1947 in Cambridge. In diesem Jahr beendete er aus freien Stücken seine Tätigkeit als Hochschullehrer, um sich ganz der Niederschrift seiner Philosophie zu widmen. Wittgenstein notierte bereits während des Zweiten Weltkrieges zahllose philosophische Reflexionen. Das Werk war indessen erst etwa 1950 abgeschlossen und wurde postum 1953 als „Philosophische Untersuchungen" publiziert. Er selbst hielt diese gesammelten Notizen für Stückwerk: „Nach manchen missglückten Versuchen, meine Ergebnisse zu einem solchen Ganzen zusammenzuschweißen, sah ich ein, dass mir dies nie gelingen würde. Dass das Beste, was ich schreiben konnte, immer nur philosophische Bemerkungen bleiben würden; dass meine Gedanken bald erlahmten, wenn ich versuchte, sie, gegen ihre natürliche Richtung, in ‚einer' Richtung weiterzuzwingen."

In diesem Buch beschreibt er die „großen philosophischen Probleme" als „Geistesstörungen". Die Schwierigkeiten ergeben sich durch die Sprache. Man benutzt Wörter, vermag aber nicht zu übersehen, welche Folgen sich durch einen unreflektierten Gebrauch für das jeweilige Verständnis ergeben. Der menschliche Verstand hole sich „Beulen" beim „Anrennen an die Grenzen der Sprache". Wittgenstein bemühte sich, einzelne Probleme zu lösen, Schwierigkeiten des Verständnisses zu beseitigen, aber nicht ein einziges Problem zu erkunden, das den Philosophierenden letztlich nur sprachlos oder verzweifelt machen könnte. Nur sinnvolle Aussagen ließ er zu, Verwirrungen, die sich durch die Metaphysik und den unsachgemäßen Gebrauch von Wörtern ergäben, wollte er vermeiden und auflösen: „Was ist denn nun das Wesen von ‚gut'? Es muss doch eine bestimmende Eigenschaft geben, sonst ist doch alles relativ!" Um diesem Strudel der Verzweiflung zu entgehen, soll beachtet werden, welche Verwendung dieses Wort in der Sprache findet: „Man kann für eine große Klasse von Fällen der Benützung des Wortes Bedeutung – wenn auch nicht für alle Fälle seiner Benützung – dieses Wort so erklären: Die Bedeutung eines Wortes ist sein Gebrauch in der Sprache."

Aber lassen sich philosophische Fragen wirklich auf Sprachprobleme reduzieren? Ist Metaphysik, ist jede Art zu sprechen nicht doch mehr als ein „Sprachspiel" innerhalb einer Kommunität von Menschen? Berufsgruppen wie Mediziner, Juristen oder Techniker pflegen besondere Sprachgebräuche oder eine bestimmte Terminologie, die Außenstehenden unverständlich bleibt. All diese Schwierigkeiten versuchte Wittgenstein kenntlich zu machen und aufzulösen, also verstand er die Philosophie als „Kampf gegen die Verhexung unseres Verstandes durch die Sprache". Deswegen gelte es, auch die Bedeutung der metaphysischen Wörter in ihrer „alltäglichen Verwendung" zu erkennen. Die Sprache erinnere an eine „alte Stadt", an „ein Gewinkel von Gässchen und Plätzen, alten und neuen Häusern mit Zubauten aus verschiedenen Zeiten: und dies umgeben von einer Menge Vororte mit geraden und regelmäßigen Straßen und mit einförmigen Häusern". Wer diese Sprachprobleme löst, erreicht das „Ziel in der Philosophie" überhaupt: „Der Fliege den Ausweg aus dem Fliegenglas zu zeigen." In diesem Sinne ist auch die Antwort auf die Frage, was es eigentlich bedeute zu philosophieren, zu verstehen: „Ein Mann ist in einem Raum, dessen Tür nach innen aufgeht. Solange es ihm nicht in den Sinn kommt, an der Tür zu ziehen, ist er ein Gefangener."

Ludwig Wittgenstein erkrankte an Krebs. Er weigerte sich, in ein Krankenhaus zu gehen und sich dort behandeln zu lassen. Der Philosoph starb am 29. April 1951 in Cambridge im Alter von 62 Jahren.

Zahlreiche berühmte Gestalten der Philosophie des 20. Jahrhunderts sind Autodidakten im Feld der Philosophie. Unter den analytischen Philosophen und den Vertretern der Wissenschaftstheorie, einer geistigen Strömung, die zum logischen Empirismus zurückführt, gehört der Physiker Thomas S. Kuhn zu den maßgeblichen Denkern. Geboren wurde Kuhn am 18. Juli 1922 in Cincinnati. Er studierte an der Universität Harvard zunächst Physik, nahm aber auch an Seminaren zu philosophischen Themen teil. Nach dem Zweiten Weltkrieg schloss er das Physikstudium mit dem Master ab. 1949 promovierte er bei dem späteren Nobelpreisträger John H. van Vleck. Thomas Kuhn interessierte sich zunehmend für Wissenschaftsgeschichte. Die Auswirkungen, die die Naturwissenschaften auf die Philosophie hatten, beschäftigten ihn sehr. 1956 wurde er Professor für Wissenschaftstheorie und Wissenschaftsgeschichte an der Universität Berkeley. Dort verfasste er sein Hauptwerk „Die Struktur wissenschaftlicher Revolutionen", das 1962 erstmals publiziert wurde.

In der Geschichte der Wissenschaft zeigen sich Perioden der Forschung in geordneten, vorgegebenen Bahnen und staunenswerte Paradigmenwechsel, so genannte wissenschaftliche Revolutionen. Ein neues Paradigma bedingt eine grundlegende Änderung wissenschaftlichen Arbeitens. Dieser qualitative Fortschritt zeigt sich darin, dass das neue Paradigma mit dem alten in keiner Weise vergleichbar ist. Paradigmen sind für Kuhn zunächst „konkrete Problemlösungen, die die Fachwelt akzeptiert" hat und in der wissenschaftlichen Kommunität auch in globaler Hinsicht gelten: „Ein Paradigma funktioniert, indem es dem Wissenschaftler sagt, welche Entitäten es in der Natur gibt und welche nicht, und wie sie sich verhalten. Durch diese Informationen entsteht eine Landkarte, deren Einzelheiten durch reife wissenschaftliche Forschung aufgehellt werden. Und da die Natur viel zu komplex und vielfältig ist, um auf gut Glück erforscht zu werden, ist diese Landkarte genauso wichtig für die kontinuierliche Weiterentwicklung der Wissenschaft wie Beobachtung und Experiment." Den problematischen Begriff Paradigma ersetzte Kuhn später durch „disziplinäre Matrix", was zweifellos präziser die Aufgabe desselben fasste, aber gegen die von ihm selbst initiierte Neuerung im wissenschaftlichen Sprachgebrauch, also gegen den Terminus „Paradigmenwechsel", setzte sich diese Modifikation nicht durch.

In Kuhns Wissenschaftsverständnis werden Natur- und Geisteswissenschaften voneinander geschieden. Etliche Geistes- und Sozialwissenschaften befinden sich seiner Auffassung zufolge noch im Stadium der Protowissenschaft. Zu paradigmatischer Reife sei die Mathematik schon in der Antike gelangt, der Soziologie etwa würde er auch in der Gegenwart nur ein hilfloses Stochern im Nebel attestieren, methodische Unzulänglichkeiten und in der Konsequenz Resultate ohne sichtbaren Erkenntniswert. Die Protowissenschaft oder auch die vorparadigmatische Wissenschaft bestehe also weiterhin in verschiedenen Gestalten fort.

Durchgängig findet sich in der paradigmatischen Wissenschaft das Stadium der Normalwissenschaft. Ein herrschendes Paradigma gibt die Lösungsregeln für bestehende Probleme vor. Daran müssen sich die Wissenschaftler orientieren. Zwar mag es noch offene Fragen geben, die von den geltenden Lösungsregeln nicht erfasst werden, doch werden diese als metaphysisch zurückgewiesen. Innerhalb der paradigmatisch geprägten Normalwissenschaft besteht Einigkeit unter den Wissenschaftlern. Es ergeben sich mitunter auch innerhalb dieser Struktur der Forschungsmethode Einfälle und Neuerungen, die aber die Theorie selbst noch nicht aufheben. Die Methoden werden verfeinert, die Forschungen intensiviert, jedoch bleibt der Bruch mit dem durch das jeweils herrschende Paradigma gegebene Weltbild aus. Zuweilen treten aber neue Schwierigkeiten auf, die sich innerhalb des geltenden Paradigmas nicht mehr lösen lassen, Probleme, die nicht einfach in den pseudowissenschaftlichen Bereich verwiesen werden können. Eine Grundlagendiskussion ergibt sich. Das herrschende Paradigma gerät in eine Krise, die letztlich in eine wissenschaftliche Revolution mündet, so dass die Entwicklung der Wissenschaft nicht durch einen allmählichen Zuwachs an Wissen, sondern entscheidend durch deutliche Paradigmenwechsel – von neuen Entdeckungen und Erfindungen begleitet –, durch Brüche mit herrschenden Erklärungsmodellen und Methoden gekennzeichnet ist – Kuhn erwähnt etwa die Ablösung der Newtonschen Physik durch die Einsteinsche Relativitätstheorie.

1964 folgte Thomas S. Kuhn einem Ruf an die Universität von Princeton. Dort lehrte er bis 1979, ehe er an die Massachusetts University wechselte. Am 17. Juni 1996 starb Kuhn im Alter von 73 Jahren.

Fruchtbar gemacht für die Philosophie wurde die Kuhnsche Theorie etwa von Herbert Schnädelbach, Karl-Otto Apel und Jürgen Habermas, die fortan auch von Paradigmenwechseln in der Philosophie sprachen. Anhand des Paradigmenwechsels lässt sich die Philosophiegeschichte neu rekonstruieren. Die Ablösung eines Paradigmas im Feld der Philosophie sehen wir etwa beim „linguistic turn“, den Wittgenstein vollzogen hat, der die sprachliche Bedeutung eines verwendeten Begriffs als wesentlich und primär problematisch angesehen hat. Wer indessen anhand der für die Geschichte der Naturwissenschaften bedeutsamen Theorie des Paradigmenwechsels die Geschichte der Philosophie untersuchte, müsste erstaunt feststellen, dass etliche Paradigmen nebeneinander bestehen. Die Wiederaufnahme und neue Reflexionen etwa Hegelschen Denkens bleiben erhalten, mag auch Kierkegaard durch sein Werk paradigmatisch mit dem Verweis auf das Problem der Existenz einen Bruch mit Hegels Philosophie vollzogen haben. Vielmehr lässt sich mit dem Hinweis auf Thomas Kuhns Theorie ein grundsätzlicher Unterschied zwischen Natur- und Geisteswissenschaft aufzeigen, die beide – auf ihre Weise – den Anspruch auf Wissenschaftlichkeit erheben, methodisch aber unterschiedlich vorgehen, adäquat zu dem Gegenstand, den sie untersuchen.

IV. Philosophie von 1945 bis heute

Reichhaltig und ungleichartig, bisweilen schroff gegensätzlich in den Wegen zur Erkenntnis, im Diskurs der Fragestellungen und in der politischen Beurteilung des Zeitgeschehens mutet das philosophische Denken an, das vom Ende des Zweiten Weltkrieges ausgehend bis in die Gegenwart hineinreicht. Epochal prägende Denkgebäude gehören scheinbar der Vergangenheit an. Die Philosophie der Nachkriegszeit, in Deutschland, Europa und anderswo, ist weit differenziert. Ein bestimmender Trend der Zeit fehlt, stattdessen besteht eher ein Pluralismus der Weltanschauungen und Denkweisen.

Die „Kritische Theorie" um Theodor W. Adorno und Max Horkheimer leistet mit ihrer Ausrichtung als Kritik der bestehenden Gesellschaft und der Massenkultur sowie in der geistigen Auseinandersetzung mit dem Nationalsozialismus einen wichtigen Beitrag zur Philosophie der Gegenwart. Die Politik findet stärkere Beachtung, der Totalitarismus und die herrschenden Ideologien werden scharf kritisiert. Sprachtheoretische Ansätze werden diskutiert. Der Existenzialismus löst viele Diskussionen aus. Heute befinden wir uns in der Postmoderne. Was bedeutet dies für die Philosophie? Die Probleme der Ökologie, die Entdeckungen auf dem Feld der Medizin und Biotechnologie führen zu neuen Herausforderungen, aber führen sie auch zu neuen philosophischen Antworten? Was bleibt, ist ein Kaleidoskop des Denkens.

Karl Jaspers

Zu den angesehensten Philosophen des 20. Jahrhunderts aus Deutschland gehört Karl Jaspers, der am 23. Februar 1883 in Oldenburg geboren wurde und am 26. Februar 1969 in Basel starb, hochbetagt und weltweit anerkannt. Ursprünglich studierte er Rechtswissenschaften, Medizin und Psychiatrie. Philosophisch gesehen war Jaspers Autodidakt. Er hatte sich niemals für dieses Fach immatrikuliert. Während seines Studiums besuchte er einige Vorlesungen zur Philosophie, die ihm aber nicht besonders gefielen. Die steife Gelehrsamkeit der Neukantianer beeindruckte ihn ebenso wenig wie die Lebensphilosophie seiner Zeit. Jaspers studierte trotz alledem Philosophie, nicht an der Universität, sondern am Schreibtisch. Er beschäftigte sich mit den Klassikern der abendländischen Philosophie. Besonders angetan war er von Platon, Augustinus und Kant. Jaspers lernte zu philosophieren und publizierte eifrig. Vielgerühmt bis heute sind in Fachkreisen seine psychologischen, aber schon philosophisch imprägnierten Erstlingsschriften „Allgemeine Psychopathologie" und „Psychologie der Weltanschauungen".

Ein Heidelberger Professor, den Jaspers über die Maßen schätzte, rühmte den jungen Kollegen – sein Fürsprecher war kein Geringerer als Max Weber, von Jaspers emphatisch verehrt und nach dem Tod mit einem glorifizierenden Nachruf bedacht. Mit seiner Hilfe gelang es Jaspers, sich in der Philosophie einen Namen zu verschaffen und zu etablieren. Bekannte Kollegen äußerten sich abschätzig über ihn. Unter anderem wollte Heinrich Rickert Karl Jaspers' Berufung auf einen Lehrstuhl für Philosophie verhindern. Die universitären Intrigen empfand Jaspers als betrüblich, aber am Ende setzte er sich durch und wurde ordentlicher Professor für Philosophie an der Ruprecht-Karls-Universität in Heidelberg.

Karl Jaspers veröffentlichte 1931 sein philosophisches Hauptwerk, das den schlichten, vielleicht etwas hochgemuten Namen „Philosophie“ trägt und in drei Teilbände untergliedert ist, mit den Titeln: „Philosophische Weltorientierung“, „Existenzerhellung“ und „Metaphysik“. Dass Neukantianer wie Rickert diese Art zu philosophieren argwöhnisch und abschätzig beurteilten, verwundert eigentlich kaum. Jaspers arbeitete zwar nicht unwissenschaftlich, kümmerte sich aber auch nicht um die herkömmliche Methodik wissenschaftlichen Arbeitens. Er verwendete Begriffe gelegentlich in fröhlicher Schöpferlaune und vertraute der Logik philosophischen Denkens, die sich ihm eben ganz anders zeigte als die Logik in der Mathematik oder Naturwissenschaft. Die Exaktheit der Begriffe lässt sich nicht vergleichen. Der Philosoph tastete sich durch metaphysische Dunkelheiten vorwärts, das führte mitunter zu wolkigen Formulierungen, immer wieder aber auch zu verblüffender Klarheit in prägnanten Ausdrücken, die Jaspers für komplexe Fragestellungen, nachvollziehbar auch für den Laien, fand.

Geistig angeregt von Weber führte Jaspers den Begriff des „Gehäuses“ in den philosophischen Diskurs ein. Ein „Gehäuse“ kann eine Weltanschauung, eine politische Ideologie oder auch ein religiös-dogmatisches System sein, das dem Menschen Antworten mit absoluter Gültigkeit auf alle Fragen des Lebens anbietet. Das „Gehäuse“ besteht aus festgefügten Grundsätzen. Es ist nicht selbst erarbeitet. Wer sich einem „Gehäuse“ anschließt, tut dies vielleicht, weil er nach einem Halt in Anbetracht all der ungelösten und zum Teil auch unlösbaren Fraglichkeiten des Weltgeschehens sucht. Etwas soll einfach richtig und gültig sein. Ein solcher Mensch sucht nach einem Ordnungsmuster, nach einer verlässlichen und vordergründig zumindest stimmigen Deutung der Welt. Muster für solche Weltanschauungen finden sich gerade in den politisch bewegten zwanziger Jahren des letzten Jahrhunderts reichlich. Karl Jaspers entdeckte Parallelen und verborgene Gemeinsamkeiten zwischen den Weltanschauungen: Menschen streben besonders in Krisensituationen nach Verbindlichkeiten. Sie stoßen sich an der Vorläufigkeit menschlicher Erkenntnis. Der Wunsch nach eindeutigen Lebensregeln und Vorschriften für das moralische Handeln besteht. Die Orientierungslosigkeit im Bereich der Politik kommt hinzu. Ideologen, die die Welt einfach erklären, bieten Patentrezepte an, wie die Gesellschaft sozial gerecht gestaltet, wie die politischen Institutionen neu geordnet oder auf welche Weise gar Fragen nach dem Sinn des Daseins beantwortet werden können.

Ein „Gehäuse“ ist immer begrenzt. Wer eine beliebige Weltanschauung absolut setzt, meint die Wahrheit über Welt und Mensch erkannt zu haben und erklärt diese eine mögliche Weltanschauung für umfassend gültig. Fragen, die über dieses begrenzte „Gehäuse“ hinausreichen, die gar seine Stimmigkeit bezweifeln oder Veränderungen anstreben, werden abgewiesen. Dissidenten und Ketzer gilt es zu bekehren oder zu verfolgen. Widerspruch und Kritik sind ausgeschlossen.

Die Grundzüge für diese im Grunde philosophisch-politische Theorie hat Jaspers bereits sehr früh erarbeitet, nämlich in seinen großen psychologischen Studien. Im Extremfall zeigt sich die Zugehörigkeit zu einem „Gehäuse“ wie in einer Psychose. Ein Individuum befindet sich geistig und psychisch in einem von ihm selbst stammenden Wahnsystem, das für ihn objektiver Bestandteil der ihn umgebenden Realität ist. Ein solcher Mensch leidet an einem erheblichen Wirklichkeitsverlust. Er erlebt die Welt auf gravierende Weise anders als andere Menschen. Im politischen oder religiösen Bereich möchte der von einer solchen Wahrheit, die nicht mehr ist als eine fixe Idee oder eine Art Chimäre, gewissermaßen erleuchtete Mensch andere bekehren, überzeugen oder selektieren. Er entwickelt sich zu einem Bekenner. Mit großer Gefolgschaft ausgestattet, werden solche Menschen zu einer Gefahr für das bestehende politische System, für einen Staat oder sogar für den Weltfrieden. Jaspers hat hellsichtig die Komplexität dieses Phänomens aufgedeckt und analysiert. Trotzdem erkannte er die Bedrohlichkeit der NSDAP und ihres Anführers Hitler nicht in vollem Ausmaß, die die Weimarer Republik in den Untergang und die Welt an den Abgrund treiben sollte. An der Politik selbst war Jaspers zu dieser Zeit nämlich nur mäßig interessiert.

Im Dritten Reich wurde Jaspers mit Publikationsverbot belegt und von der Universitätsverwaltung ausgeschlossen. Man riet ihm, sich von seiner jüdischen Frau zu trennen. Karl Jaspers lehnte dies strikt ab. Er arbeitete still zu Hause über Schelling, Nietzsche und die philosophische Logik. 1945 sollte das Ehepaar Jaspers deportiert werden. Die Stadt Heidelberg wurde noch rechtzeitig von US-amerikanischen Truppen befreit. Bald darauf wurde Karl Jaspers wieder in sein Amt eingesetzt. Er erwarb sich rasch wieder eine große Hörerschaft.

Viel beachtet waren seine Vorlesungen über die Schuldfrage. Die These der Kollektivschuld wies Jaspers zurück. Wer trug die Schuld an den Verbrechen des Nationalsozialismus? Für den Philosophen konnte dies stets nur der Einzelne sein. Ein Volk kann nicht schuldig werden, allein das Individuum, das sein Gewissen auch nicht hinter Befehl und Gehorsam verbergen darf, ist schuldig oder unschuldig zu nennen. Für die Verbrechen des Dritten Reiches bestand gleichwohl eine politische Haftung Deutschlands. Karl Jaspers hoffte inständig auf eine Neubelebung von Erziehung und Bildung, auf einen wahrhaft demokratischen Staat.

Seit 1945 begann sich Jaspers verstärkt politischen Themen

zuzuwenden. Dies tat er schon in Heidelberg, ab 1947 dann auch auf dem Lehrstuhl für Philosophie an der Universität Basel. Enttäuscht blieben die Studenten zurück, doch Karl Jaspers glaubte, nach den Erfahrungen der NS-Zeit, Deutschland durchaus verlassen zu dürfen. Neue politische Themen wurden diskutiert. Die Atombombe schien das bedrängende Problem der Nachkriegsjahre zu sein und mit ihr die Angst vor einem nuklear geführten Weltkrieg zwischen den nun auf Konfrontation bedachten Machtblöcken.

Jaspers' Kommentare zum Zeitgeschehen waren warnend und mahnend, es gelte den Frieden zu wahren und zugleich den Totalitarismus in jeglicher Gestalt zu kritisieren. Er war überzeugt, dass den Friedensabsichten eines Regimes, das sich einer totalitären Ideologie verschrieben hatte, nicht zu trauen war. Skeptisch zeigte sich Jaspers auch in Bezug auf das politische System der Bundesrepublik Deutschland. Er kritisierte das anscheinend von Parteien okkupierte Gemeinwesen und tadelte die Machtversessenheit und Pflichtvergessenheit der Politiker in Deutschland. Zugleich fürchtete er die Gefahr einer erneuten Diktatur, die sich aus vermeintlichen oligarchischen Strukturen in Deutschland entwickeln könnte.

Jaspers forderte Wachsamkeit und die verstärkte Beteiligung der Bürger am politischen Leben. Der Einfluss der Parteien auf die junge Republik war für ihn beängstigend. Jaspers vermisste begabte Staatsmänner und wirklich talentierte Führungskräfte, die sich in der politischen Auseinandersetzung bewähren wollten. Stattdessen herrschte eine Angestelltenmentalität. Niemand trat für seine Überzeugungen ein. Man traf insgeheim Absprachen und diskutierte unaufrichtig. Karl Jaspers war verbittert über diese Entwicklungen. Der greise Philosoph spürte mit Verdruss die Ohnmacht des Wortes und wollte sich verstärkt genuin philosophischen Fragestellungen widmen.

Neben seinen politischen Abhandlungen verfasste Karl Jaspers eine Reihe von – im guten Sinne – populären Darstellungen zur Philosophie. Galt er noch in der Weimarer Republik als Existenzphilosoph, so hatte er spätestens jetzt den Wert und die Rolle einer kritischen Vernunft in das Zentrum seiner Betrachtungen gestellt. Jaspers hielt Radiovorträge zur „Einführung in die Philosophie". Er wurde vielerorts bekannt. Sein philosophiegeschichtliches Hauptwerk „Die großen Philosophen" erreichte hohe Auflagen und viele Leser in Europa und Amerika, bis hin nach China und Korea. Jaspers gab nicht vor, die Welt des philosophischen Denkens erklären und allein deuten zu können. Viele seiner Schriften muten fragmentarisch an. Was er publizierte, war das Resultat seines Philosophierens, einer kritischen wie resonanzvollen Aneignung des Schrifttums der Klassiker. Jaspers wollte die Philosophen von den Anfängen bis zu Beginn des 20. Jahrhunderts lesen und ihre Werke begreifen. An zeitgenössischen Denkern schien er nicht sonderlich interessiert zu sein. Der Philosoph wusste um seine dezidiert subjektive Zugangsweise. Doch er nahm die Gegenstände seines Denkens in höchstem Maße ernst. Er scheute sich nicht, auch nach der Bedeutung der großen Denker für die Gegenwart zu fragen.

Die Beliebtheit seiner Schriften freute ihn, da mochte man in Basel noch so abschätzig über das „Jasperle-Theater" sprechen und die sprachlichen Eigenheiten wie wunderlichen Attitüden des alten Professors ironisch kommentieren. Hans-Georg Gadamer etwa nannte Karl Jaspers einen „Moralisten", einen Gelehrten mit höchsten moralischen Ansprüchen und nahezu unerreichbaren Idealen. Vermutlich hätte Jaspers selbst diese Bezeichnung als Ehrentitel angesehen. An einer „Weltphilosophie" arbeitete Karl Jaspers bis zuletzt und machte Notizen für den zweiten Band seines Werks „Die großen Philosophen". Wer an Jaspers denkt, entsinnt sich vielleicht auch an viele seiner berühmten Wendungen, etwa an diese: „Wer meint, alles zu durchschauen, philosophiert nicht mehr … Wer nicht mehr staunt, fragt nicht mehr. Wer kein Geheimnis mehr kennt, sucht nicht mehr."

Hannah Arendt

Hannah Arendt wurde am 14. Oktober 1906 in Hannover-Linden geboren. Sie studierte bei Martin Heidegger und war zeitweilig dessen Geliebte. Bei Karl Jaspers promovierte sie mit einer Arbeit zu „Der Liebesbegriff bei Augustin". Arendt arbeitete als Journalistin und Essayistin. Sie verstand sich selbst als politische Denkerin. Trotzdem können wir sie auch als Philosophin ansehen. Von Augustinus stammt ihr wichtigster Gedanke: Jederzeit ist der Mensch imstande, einen neuen Anfang zu setzen. Das „Anfangenkönnen" betrachtete Arendt als das spezifisch Menschliche, ein tröstlicher Ansatz in Zeiten des Krieges und der Tyrannei. Behindert und beeinträchtigt wird dies freilich durch totalitäre Herrschaft. In den Systemen von Kommunismus und Nationalsozialismus, die Hannah Arendt als vergleichbar angesehen hat, wird der Raum der öffentlichen Kommunikation eingeschränkt. Eine vertrauensvolle Atmosphäre fehlt. Richtiggehend bei sich selbst und eigentlich frei ist der Mensch, sofern er mit seinem Nächsten und Nachbarn ins Gespräch kommt. Dieser Raum entsteht in der kommunikativen Gemeinschaft zwischen Menschen, die in freier Rede und Anteilnahme einander begegnen. Eine solche Öffentlichkeit findet sich in der modernen Demokratie, in der Macht nur auf Zeit verliehen ist und die Mitteilungen in ungehemmter Freiheit fluktuieren können. Es findet auch ein Meinungsaustausch statt.

Hannah Arendt plädiert entschieden für eine Würdigung

und Wiederbelebung dessen, was in der Philosophie seit alters her immer wieder kritisiert oder gar diffamiert wurde – Meinungen und Vorurteile werden rehabilitiert. In der politischen Diskussion äußern Menschen unterschiedliche Ansichten. Die Meinung ist etwas höchst Subjektives und für das Individuum im Augenblick charakteristisch. Eine Vielfalt von Meinungen betrachtete Arendt als belebend und anregend. Die Gesellschaft lebt von diesem bunten Diskurs. Uniformität in den Ansichten fordert der Totalitarismus. Freiheit bedeutet für die Philosophin, dass sich Menschen in dieser Weise äußern können, ihre Meinung einfach sagen, ihr persönliches Erlebnis mitteilen und ihre ganz subjektive Ansicht äußern. Der Kosmos des politischen Lebens bedarf dieser Pluralität an Meinungen.

Zu Hannah Arendts Wertschätzung der Subjektivität gehört auch ihr Plädoyer für das Vorurteil. Jeder Mensch besitzt vorgefasste Meinungen oder Theorien über die Wirklichkeit, in der er lebt. Gerade im Bereich des Politischen finden sich zahlreiche Vorurteile. Arendt vertritt in ihren Abhandlungen die Auffassung, dass solche Vorurteile nicht nur unerlässlich, sondern sogar positiv und hilfreich sind, für das Selbst- und Weltverständnis des Menschen. Ein Vorurteil verleiht vorläufige Sicherheit. Mit unseren Vorurteilen, die wir übernehmen oder auch selbst bilden, betrachten wir die Welt um uns. Natürlich können Vorurteile auch hemmen und blockieren, aber nur dann, wenn wir uns ihrer nicht bewusst sind. Arendts Ansicht zufolge sind Vorurteile unentbehrlich, notwendig und korrigierbar. Die Vorurteilsstruktur wird immer wieder überarbeitet. Ein Mensch erwirbt Erkenntnisse. Hierdurch gelingt es ihm, vorhandene Denkmuster zu überprüfen und zu verändern. Jedoch lebt er niemals vorurteilslos. Wenn er borniert die Welt seiner Vorurteile und Vorstellungen mit der Wirklichkeit identifiziert, zeigt er Denkgewohnheiten, die dem Menschen im totalitären System eigen sind. Diese sind ganz eingebunden in ihre Weltanschauung und erleben auch, wie Arendt ausführt, die Einsamkeit und Kälte einer solcherart strukturierten Ordnung. Die Auseinandersetzung mit dem Totalitarismus nimmt bei Hannah Arendt breiten Raum ein. Ihr Hauptwerk heißt „Elemente und Ursprünge totaler Herrschaft", eine gehaltvolle Analyse des Totalitarismus im 20. Jahrhundert.

Bekannt ist Arendt weiterhin als Berichterstatterin im so genannten Eichmann-Prozess. Mit „Eichmann in Jerusalem" publizierte sie ein viel gelesenes Buch, das Adolf Eichmann als einen Menschen charakterisiert, der darauf beharrte, nichts als seine Pflicht getan zu haben. Ihr Buch versteht sie als eine Studie über die „Banalität des Bösen". Dies hat viel Kritik hervorgerufen. Ist das Böse wirklich banal? Lassen sich die Verbrechen in der Zeit des Nationalsozialismus auf diese Weise begreifen? Hannah Arendt, streitbar, umstritten und konfliktfreudig, war wegweisend für die Diskussion über dieses Thema. Auch zu anderen Themen nahm sie Stellung, zu Fragen der Erziehung genauso wie zum politischen Zeitgeschehen. Neben der nach wie vor als bedeutend angesehenen Studie zum Totalitarismus werden von ihr vor allem Anregungen bleiben, die wichtig wären für das politische Leben heute und eigentlich vermisst werden – offene, kontroverse und lebendige Diskussionen über Politik, abseits der vorgefertigt anmutenden Formulierungen in Talkshows und Expertenrunden. Politik ist alltagstauglich. Wo Menschen miteinander ins Gespräch kommen, da öffnet sich zwischen ihnen der Raum des Politischen. Für diesen öffentlichen Diskurs hat Arendt gekämpft. Am 4. Dezember 1975 starb sie im Alter von 69 Jahren in den Vereinigten Staaten von Amerika, wo sie seit dem Zweiten Weltkrieg gelebt hat. Ob wir Hannah Arendt nun als politische Denkerin oder Philosophin bezeichnen, ist letztlich unwesentlich. Ganz gewiss war sie eine beherzt auftretende und engagiert streitende Wissenschaftlerin, impulsiv und anregend in jeder Beziehung, weit über die Grenzen von Politik und Philosophie hinaus.

Karl Popper

Karl R. Popper wurde am 28. Juli 1902 in Wien geboren. Als junger Mann verstand er sich als Marxist. Später konvertierte er gleichsam zu einem strammen Antikommunismus. Er galt als Agnostiker und als Kritiker des Totalitarismus, des Nationalsozialismus wie des Kommunismus. Popper publizierte Arbeiten wie „Logik der Forschung“ und „Objektive Erkenntnis“. Er gehörte zu den Vordenkern im Bereich der Wissenschaftstheorie. Popper befleißigte sich einer einfachen Sprache. Der Philosoph wollte verstanden werden.

In seiner Autobiografie „Ausgangspunkte“ heißt es: „Das Problem aber, was wir tun sollen, um den Sinn unserer Worte klarer zu machen, falls größere Klarheit nötig ist, besteht natürlich weiter. Dazu ist eingedenk meiner anti-essentialistischen Maxime vor allem zu sagen: Jeder Schritt in die Richtung auf größere Klarheit oder Präzision hin muss *ad hoc* – also fallweise – gemacht werden. Wenn du findest, dass aufgrund mangelnder Klarheit ein Missverständnis entstanden ist, dann versuche nicht, ein neues solideres Fundament zu legen, auf dem du ein präziseres ‚begriffliches Gerüst‘ errichten kannst, sondern verbessere deine Formulierungen *ad hoc*, im Hinblick auf eine Vermeidung der entstandenen oder der vorhersehbaren Missverständnisse. Und bedenke immer, *dass es unmöglich ist, sich so auszudrücken, dass man nicht missverstanden werden kann;* es wird immer einige geben, die etwas missverstehen. Wenn größere Präzision nötig ist, so nur deshalb, weil *das zu lösende Problem es verlangt*. Bemühe dich nach besten Kräften, dein Problem zu lösen, und versuche nicht, deine Begriffe und Formulierungen *im voraus* mit voller Präzision auszustatten – in der vergeblichen Hoffnung, dich dadurch für künftige Probleme zu wappnen, die bisher noch nicht aufgetreten sind. Vielleicht werden sie nie auftreten; vielleicht werden alle deine Bemühungen von der Entwicklung der Theorie überholt."

Der Philosoph wusste: Der Irrtum ist nicht nur möglich, er ist unvermeidlich. Der Mensch ist ein konstitutiv sich irrendes Lebewesen. Die „Logik der Forschung", 1935 erstmals veröffentlicht, enthält Poppers Kernthese zur Erkenntnistheorie, die Ablehnung der induktiven Methode, und als Konsequenz daraus das Falsifikationsprinzip. Popper nennt die herrschende Wissenschaftstheorie dieser Zeit schlicht falsch, denn die Auffassung, die sich bis Francis Bacon zurückverfolgen lässt, dass alle naturwissenschaftliche Erkenntnis vom Besonderen auf das Allgemeine schließe, ist abzulehnen. Wiederholte Experimente und Beobachtungen führten, so waren die Vertreter der induktiven Methode überzeugt, zu wissenschaftlichen Resultaten. Bacon wollte sich auf diese Weise von Theologie und Metaphysik, den so genannten „Pseudowissenschaften", abgrenzen. Popper hingegen führte ein neues Kriterium ein, die Falsifizierbarkeit. Theorien, die sich nicht falsifizieren lassen, sind für ihn unwissenschaftlich. Allgemeine Theorien können nicht aus singulären Sätzen abgeleitet werden. Die einzige Art Wissen, das wir erwerben können, ist ein Vermutungswissen. Popper plädiert für die deduktive Schlussweise. Damit grenzte er sich deutlich von den logischen Empiristen des Wiener Kreises ab. Wissenschaftliche Theorien bleiben bestehen, aber sie bleiben Theorien, Hypothesen und Vermutungen, die falsifiziert und dann ersetzt werden können.

Für Karl Popper erklärt sich so auch der wissenschaftliche Fortschritt. Der Wissenschaftler entwickelt eine Theorie, die für eine bestimmte Zeit gültig ist, durch Resultate des Forschens überprüft und dann korrigiert wird oder, in einer Art auf Theorien bezogenen „Darwinschen Kampf ums Dasein", einfach der Konkurrenzthese unterliegt. In dieser Fortentwicklung der Theorien gelangt man stets voran, zu Theorien, die mehr aussagen und mehr ausschließen, folglich auch strenger geprüft werden können. Erkenntnistheorie besteht nunmehr nicht länger darin, empirische Beobachtungen zu sammeln und aus diesen allgemein gültige Sätze und theoretische Konstrukte abzuleiten, sondern Theorien zu falsifizieren, alte Theorien durch neue zu ersetzen.

Dies bezeichnet Popper als neue Methode der Wissenschaft, die „Analyse der kritischen Methode, der Methode von Versuch und Irrtum": „Es ist die Methode, kühne Hypothesen aufzustellen und sie der schärfsten Kritik auszusetzen, um herauszufinden, wo wir uns geirrt haben. Unsere Forschungstätigkeit geht, vom Standpunkt dieser Methodologie aus gesehen, von Problemen aus. Wir befinden uns immer in einer Problemsituation; und wir wählen ein Problem aus, von dem wir hoffen, es lösen zu können. Die Lösung, immer nur vorläufig und versuchsweise, besteht in einer Theorie, einer Hypothese, einer Vermutung. Die verschiedenen konkurrierenden Theorien werden miteinander verglichen und kritisch diskutiert, mit dem Ziel, ihre Mängel aufzudecken. Die immer wechselnden, immer unabgeschlossenen Ergebnisse der kritischen Diskussion konstituieren das, was man jeweils als die Wissenschaft bezeichnen kann, als die Wissenschaft von heute." Innerhalb dieser Wissenschaft gibt es keine Spielräume für Abstruses, zu dem Popper freilich auch die klassische Metaphysik zählte. Diese neue Methode der wissenschaftlichen Forschung erhält später die Bezeichnung „kritischer Rationalismus".

Die Zeit des Nationalsozialismus verbrachte Popper im

neuseeländischen Exil. Dort verfasste er sein bekanntestes Werk – „Die offene Gesellschaft und ihre Feinde". Im ersten Teil erörterte Popper die platonische Philosophie, demgemäß lautete der Untertitel des Bandes „Der Zauber Platons". Der Folgeband hieß „Hegel, Marx und die Folgen". Karl Popper suchte Verantwortliche für den Totalitarismus des 20. Jahrhunderts. Er wurde schnell fündig. Die geistigen Wurzeln der Gewaltherrschaft entdeckte er in der Konzeption des platonischen Staates, in Hegels spekulativer Metaphysik und in Karl Marx' Geschichtsphilosophie. Platons Dialog „Politeia" übersetzte Popper selbstständig aus dem Griechischen, mit einigen groben Schnitzern. Leidenschaftlich argumentierte er, dass absolut gesetzte Theorien zu Regimes des Terrors führen. Ein Leitsatz seiner Beschäftigung mit diesen Systemen lautet: „Bislang hat jeder, der den Himmel auf Erden verwirklichen wollte, die Hölle hervorgebracht."

Dass Popper den philosophischen Systemen vergangener Zeiten ein Teil der Verantwortung für die Gegenwart zuschreibt, erscheint höchst problematisch, so sehr der Leser auch von der unmittelbaren Betroffenheit des Denkers berührt ist. Popper vereinfacht radikal und liest aus den Texten heraus, was er in sie hineingelegt hat. Allein schon flüchtig betrachtet ist es abwegig, einer politischen Theorie und Erkenntnislehre aus dem vierten vorchristlichen Jahrhundert derart weitreichende Wirkungen bis in die unmittelbare Gegenwart zuzuschreiben. So wenig wie Platon für die politischen Ideologien des 20. Jahrhunderts schuldfähig sein konnte, so ließen sich auch weder Hegel noch Marx für den Terror des Stalinismus richtiggehend belangen.

Popper hegte die besten Absichten und träumte von einer besseren Welt. Diese fand er zu Zeiten des Kalten Krieges in Westeuropa und Amerika verwirklicht. Natürlich wusste er von den Unzulänglichkeiten, von ungelösten sozialen Problemen, vom bedrohten Frieden und von Konfliktherden auf der Welt. Popper empfahl stets Realismus. Nicht alle Lehrgebäude, die sich gegen Kritik immunisieren und als Wissenschaft maskieren, sind so, wie sie erscheinen wollen. Wer nicht erwartet, dass die Erde zum Paradies wird, muss manches billigend oder auch bedauernd in Kauf nehmen. Verbesserungen sind immer wünschenswert, allerdings in kleinen Schritten. Sorgfältig bedacht und beherzt ausgeführt mag manchem Übel abgeholfen und manche Not gelindert werden. Wer stattdessen seine Energie in die Ausbreitung politischer Ideologien steckt, wird wenig Gutes bewirken.

Charakteristisch für den bekennenden Optimisten Karl Popper ist auch ein gelegentlich schwärmerisch und sentimental anmutender Sprachduktus: „Wir wissen nicht, wie es zu erklären ist und ob es erklärt werden kann, dass wir auf diesem wunderbaren kleinen Planeten leben, oder warum es so etwas wie das Leben gibt, das unseren Planeten so schön macht. Aber wir sind hier und haben allen Grund, darüber zu staunen und dankbar zu sein. Es ist ja ein Wunder … So hat also das Leben jedenfalls Seltenheitswert: Es ist kostbar."

Popper suchte das Gespräch, besonders gern auch mit Nichtphilosophen, und blieb unbeeindruckt vom Widerspruch. Popper beschäftigte sich mit der Philosophie der Antike, verfasste die Geschichte seines Lebens und seiner geistigen Entwicklung – und schaltete sich gern in politische Diskussionen ein. Es hat ihm gefallen, dass Staatsmänner wie Helmut Schmidt seinen Rat suchten. Popper tadelte den Hochmut der Intellektuellen, die sich behaglich und wohlsituiert in ihren Denkgebäuden und ihrer staatlich alimentierten Lebenswelt einrichteten und die alltäglichen Nöte der Menschen um sich herum vergaßen. Wer ein gutes Auskommen hatte, konnte bequem mit dem Kommunismus sympathisieren. Popper kritisierte die Friedensbewegung für ihre

Naivität. Grundsätzlich im Widerstreit lag er mit den Vertretern der „Frankfurter Schule". Nicht nur die neomarxistische Ausrichtung der ihr zugehörigen Denker missfiel ihm, sondern auch die anscheinend absichtsvolle Unverständlichkeit ihrer Aufsätze und Stellungnahmen. Die Studentenbewegung sah er von Anfang an kritisch. Popper selbst hätte sich vielleicht, wie sein Freund Friedrich von Hayek, zu den liberalen Denkern seiner Epoche gezählt.

Den Zusammenbruch der sozialistischen Systeme in Osteuropa hat Popper noch erlebt. Die globale Konfliktlage sah der alte Philosoph mit Sorge. Beherzt führte er Interviews und plädierte dafür, die Bedrohung durch den religiös imprägnierten Fundamentalismus ernst zu nehmen. Seine wissenschaftstheoretischen Arbeiten wurden und werden mit großer Zustimmung gelesen und diskutiert, die Beiträge zur politischen Philosophie verblassen zusehends. Im Alter wiederholte der Philosoph, der in der öffentlichen Wahrnehmung mitunter eigensinnig und rechthaberisch wirkte, aber auch um seine Rolle und seine Wirkung im 20. Jahrhundert wusste, die Besinnung auf den Wunsch, den er zeitlebens hegte: „Lasst Theorien sterben, nicht Menschen!" Popper hatte niemals angestrebt, Berühmtheit zu erlangen, aber als er am 17. Oktober 1994 im Alter von 92 Jahren an einer Krebserkrankung verstarb, wussten auch die Gebildeten unter seinen Kritikern nur zu gut, wer dieser von Königin Elisabeth II. zum Sir geadelte Karl Raimund Popper war, der von sich selbst gesagt hatte, er sei der glücklichste Philosoph, den er kenne – einer der bedeutendsten Wissenschaftstheoretiker des 20. Jahrhunderts und, trotz aller Irrtümer, ein politischer Denker von Format: „So ziehen wir uns an unseren Haaren aus dem Sumpf des Unwissens; so werfen wir ein Seil in die Luft und steigen daran hoch – wenn es an irgendeinem noch so schwachen Zweiglein Halt findet. Der Unterschied zwischen unseren Bemühungen und denen eines Tieres oder einer Amöbe ist nur der, dass unser Seil in einer dritten Welt kritischer Diskussion Halt finden kann: einer Welt der Sprache, der objektiven Erkenntnis."

Französischer Existenzialismus

Die Beantwortung der zugegebenermaßen ebenso schwerblütigen wie unabweisbaren Frage nach dem Sinn des menschlichen Daseins blieb auch in einer Zeit, in der die politischen Ideologien zunehmend diskreditiert waren und die Dimension des Jenseits endgültig unglaubwürdig geworden zu sein schien, von ungeschmälerter Wichtigkeit. Politisch interessiert, leidenschaftlich sogar, war der französische Existenzialist Sartre zweifellos.

Geboren wurde Jean-Paul Sartre am 21. Juni 1905. Er studierte Philosophie, Psychologie und Soziologie von 1924 bis 1928 in Paris, erhielt 1929 die Lehrerlaubnis für Philosophie und lernte Simone de Beauvoir kennen, mit der ihn eine lebenslange, wechselvolle und außergewöhnliche Liebesbeziehung verband. Sartre hatte sie 1931 heiraten wollen, aber sie wies dies ab, da sie die Ehe als Einmischung des Staates in Privatangelegenheiten auffasste und zudem diese Lebensform als einschränkende Verbürgerlichung ablehnte. Die Verbindung, die die beiden Partner eingingen, war dauerhaft, aber frei von jeglicher konventionellen Reglementierung und beruhte auf Gleichberechtigung, für damalige Zeiten ein geradezu revolutionäres Beispiel für ein stimmiges und erfülltes Liebesleben ohne Trauschein, welches für beide zeitweilige erotische Beziehungen zu anderen Menschen nicht ausschloss.

Nach einigen Jahren als Lehrer am Gymnasium, ersten

literarischen Veröffentlichungen und dem Kriegsdienst als Sanitäter arbeitete Sartre zunehmend an der Ausgestaltung eines großen philosophischen Werkes, das dem Menschen in einer Welt ohne Gott gerecht werden sollte. 1941 wurde „Das Sein und das Nichts“ publiziert. Sartre war aktiv in der Résistance, arbeitete wiederum als Lehrer in Paris und lernte zu dieser Zeit Albert Camus kennen. 1945 quittierte er endgültig den Schuldienst und wurde freier Schriftsteller. Er verfasste Theaterstücke philosophischen Inhalts. Der Vatikan setzte Sartres Schriften kurz nach Ende des Krieges auf den Index, mit der Begründung, dass „den Gläubigen gefährliche Zweifel erspart werden müssten“. Sartre sympathisierte zeitweilig mit dem Kommunismus und distanzierte sich von diesem nach der blutigen Niederschlagung des Aufstands in Ungarn von 1956 entschieden; bis dahin hatte er die führende Rolle der Sowjetunion in der Weltpolitik gefordert. 1959 wurde die „Kritik der dialektischen Vernunft“ veröffentlicht, sein zweites großes Werk zur Philosophie. Der Nobelpreis für Literatur wurde ihm 1965 für seine Autobiografie „Die Wörter“ zuerkannt, doch Sartre lehnte die Annahme ab. Er gehörte zu den Befürwortern der Achtundsechziger-Bewegung. In den siebziger Jahren leitete er zeitweilig eine progressive Tageszeitung, besuchte 1974 den RAF-Terroristen Andreas Baader in Stammheim und wurde anlässlich seines 70. Geburtstages 1975 von der Weltpresse als Intellektueller und Revolutionär besonderer Art gerühmt. Die Verleihung der Ehrendoktorwürde der Universität von Jerusalem 1976 bewegte ihn tief. Am 15. April 1980 starb Sartre in Paris.

Der Mensch sei zur Freiheit verurteilt, aber ebenso auch frei, selbst einen Sinn zu setzen und zu schaffen. Er hat sein Leben zur freien Verfügung und muss dieses gestalten. Einen das Leben tragenden Sinn metaphysischen Ursprungs kann der Existenzialist nicht versprechen, wohl aber die Möglichkeit zu einem selbstbestimmten Leben aufzeigen, zu der Verwirklichung des eigenen Selbst anstiften, wider alle Zwänge und den erwarteten Konformismus einer traditionell orientierten Gesellschaft. Sartre verfasste zeitweilig erfolgreiche, auch auf deutschen Bühnen vielfach inszenierte Theaterstücke wie „Geschlossene Gesellschaft" und „Tote ohne Begräbnis", Romane epischen Ausmaßes und philosophische Abhandlungen wie „Das Sein und das Nichts" und die „Transzendenz des Ego". Sartre vermittelte eine Botschaft, die vor allem junge Leser in den Bann zog. Er zeigte den Menschen in seiner existenziellen Verlorenheit, sofern er einen höheren Sinn von außen erwartete oder eine Vorgabe, die zu beherzigen sei, um die unabweisbare Frage, wie man leben solle, endgültig zu beantworten. Oft fühlt der Mensch sich verlassen und voller Angst – oder er empfindet sogar Ekel vor der Sinnleere und dem Vorhandensein seines Körpers, der Gegenstände und Lebewesen, wie dies in dem Roman „Der Ekel" von 1938 von Sartre anschaulich beschrieben ist. Jeder Mensch ist buchstäblich sich selbst ausgeliefert. Er kann resignieren, aber er kann sich auch in Freiheit gestalten, entwickeln und ein Selbst entfalten, einen Sinn setzen.

Dies fand für Sartre in der Formel Ausdruck: „Die Existenz geht der Essenz voraus." Der Mensch existiert, lebt und weiß sich als da seiend, aber er muss sein Wesen selbst hervorbringen, selbst ins Werk setzen. Die Handlung ist notwendig und unvermeidlich. Sie schafft Sinn, aber ihre Folgen sind nur begrenzt vorhersehbar. Der Mensch ist für die Gestaltung und Nutzung seiner Vermögen verantwortlich, sogar absolut verantwortlich für sein Tun und Lassen: „Die wesentliche Konsequenz unserer vorangehenden Ausführungen ist, dass der Mensch, dazu verurteilt, frei zu sein, das Gewicht der gesamten Welt auf seinen Schultern trägt: er ist für die Welt und für sich als Seinsweise verantwortlich … Diese absolute Verantwortlichkeit ist übrigens keine Hinnahme: sie ist das bloße logische Übernehmen der Konsequenzen unserer Freiheit."

Simone de Beauvoir gehörte zu den wirklich einflussreichen Wissenschaftlerinnen des 20. Jahrhunderts. Sie war wegweisend als Vordenkerin der Genderforschung. In „Das andere Geschlecht" formulierte sie: „Man kommt nicht als Frau zur Welt, man wird es. Kein biologisches, psychisches, wirtschaftliches Schicksal bestimmt die Gestalt, die das weibliche Menschenwesen im Schoß der Gesellschaft annimmt. Die Gesamtheit der Zivilisation bestimmt dieses Zwischenprodukt zwischen dem Mann und dem Kastraten, das man als Weib bezeichnet." Das „Ewig-Weibliche" bezeichnete sie als Lüge, spiele doch die Natur bei der Entwicklung des Menschen eine geringe Rolle. Entscheidend sei die soziale Prägung. Die Polarisierung der Geschlechter, die Simone de Beauvoir aufnimmt und polemisch zuspitzt, prägte die Fragestellungen des Feminismus und zeigte anschaulich die Kritik an traditionellen Rollenmustern in der Gesellschaft. Sie selbst hatte sich nie als Feministin bezeichnet.

Das entschiedene Plädoyer für die Emanzipation der Frau findet Nachhall in der Kritik am sozial konstruierten Geschlecht. Frauen wie Männer dürfen und sollen ihre Form, ihre Stellung und ihre Bestimmung im Staat und in der Gesellschaft selbst wählen, in den großen sozialen Systemen genauso wie in der Familie oder in der Partnerschaft. Die Rolle der Frau darf nicht, schon gar nicht auf scheinbar natürliche Weise, auf eine Funktion reduziert werden, als Gebärende, als Erzieherin der Kinder oder als Hausfrau. Dies alles kann für eine Frau wichtig sein und zu ihrer Identität und Rolle gehören, diese aber ist nicht naturgegeben, sondern immer selbstgewählt – und die Frau ist niemals darauf beschränkt oder dazu bestimmt, einzig einem von ihr selbst nicht geschaffenen oder gar gewollten gesellschaftlichen Rollenmuster sklavisch zu entsprechen. Simone de Beauvoir distanzierte sich auch von jenen Theorien, die, in scheinbarer Wertschätzung der Weiblichkeit, der Frau an sich eine ganz spezifische Sicht zusprachen, die außerhalb der Sphäre so genannter männlicher Wahrnehmung läge. Sie war überzeugt davon, dass es neben unabweisbaren anatomischen Unterschieden nur Menschen gebe, Menschen unterschiedlichen biologischen Geschlechts. Sie schreibt: „Man darf nicht glauben, der weibliche Körper verleihe einem eine neue Vision der Welt. Das ist lächerlich und absurd ... Frauen, die das glauben, fallen ins Irrationale, ins Mystische, ins Komische zurück. Sie spielen das Spiel der Männer."

Simone de Beauvoirs Wirkung lässt sich schwerlich auf einen Wissenschaftsbereich begrenzen. Studiert hatte die am 9. Januar 1908 in Paris geborene, streng katholisch erzogene Philosophin Philologie und Mathematik. Ihre Abschlussarbeit schrieb sie über Leibniz. Mit 21 Jahren trat sie in den Schuldienst ein. De Beauvoir verzichtete aber zeitweilig auf die Ausübung ihrer Tätigkeit, um in Sartres Nähe bleiben zu können. Erst 1931 übernahm sie eine Stelle als Philosophielehrerin in Marseille, von 1932 bis 1936 war sie in Rouen tätig und beschäftigte sich während dieser Zeit mit dem philosophischen Werk Edmund Husserls. Dann kehrte sie nach Paris zurück, schloss Freundschaft mit Albert Camus und Pablo Picasso.

Um Simone de Beauvoir und Sartre bildete sich ein Kreis von Künstlern, die sich während der Besatzungszeit regelmäßig im Café Flore trafen. Simone de Beauvoir verfasste existenzialistisch konturierte Romane und Essays, publizierte Reisetagebücher und Aufsatzbände und arbeitete von 1945 an als Mitarbeiterin der von Sartre herausgegebenen Zeitschrift „Les Temps Modernes" mit. Sie verliebte sich in den amerikanischen Schriftsteller Nelson Algren, mit dem sie eine mehrjährige Beziehung pflegte, und veröffentlichte 1949 „Das andere Geschlecht", dessen Kerngedanken sich die „Neue Frauenbewegung" zu eigen machte.

Auch Simone de Beauvoir war dem Kommunismus außerordentlich gewogen, distanzierte sich aber ebenso wie Sartre, als sie erkannte, dass das doktrinäre System innerstaatliche Herrschaftsansprüche erhob und Staaten wie Ungarn oder die Tschechoslowakei als Vasallen ansah. Eine Reihe von autobiografischen Schriften folgte. In den politisch bewegten Zeiten erwies sich Simone de Beauvoir als leidenschaftliche Kämpferin, für die Unabhängigkeit Algeriens, gegen den Vietnamkrieg und für das Recht auf Abtreibung.

1970 erschien ihr zweites großes Werk, in dem auch historische und soziologische Momente Widerhall finden, ein umfangreicher Essayband unter dem Titel „Das Alter". Es folgte die Abhandlung „Für eine Moral der Doppelsinnigkeit". Dort schreibt sie: „Nur der Mensch kann dem Menschen ein Feind sein, nur er kann seine Handlungen, sein Leben sinnlos werden lassen, weil andererseits nur er den Menschen in seinem Dasein bestätigt, ihn effektiv als Freiheit anerkennen kann … Ein jeder hängt von den anderen ab, und was mir durch die anderen zustößt, erhält erst durch mich seinen Sinn, hängt also von mir ab. Man lässt nicht passiv einen Krieg, eine Besetzung über sich ergehen, wie man ein Erdbeben über sich ergehen lässt: Man muss Partei ergreifen, und dadurch werden die anderen Menschen zu Verbündeten oder Gegnern … Wie wir gesehen haben, muss meine Freiheit, um Wirklichkeit zu werden, in eine offene Zukunft münden können, und es sind meine Mitmenschen, die mir die Zukunft erschließen, die als Gestalter der Welt von morgen meine Zukunft bestimmen."

Maßgeblich geprägt sind Simone de Beauvoirs Werke von einem großen Respekt für die Würde, für die Entfaltung der spezifisch individuellen Möglichkeiten des Einzelnen und die absolute Anerkennung der Freiheit des Anderen. Simone de Beauvoir war überzeugte Atheistin. Der Mensch ist absolut frei und absolut verantwortlich, aber nicht gebunden an eine solipsistische Existenz. Ausgerichtet ist er stets auf den Mitmenschen, den Anderen, den Partner. Doch er darf diesen niemals beherrschen, sondern muss ihn achten und verstehen, seine Eigenheiten akzeptieren, seine Gleichheit und Freiheit wollen, solidarisch mit ihm, schließlich, wie Simone de Beauvoir ausführt, das eigene Ich auf den Anderen transzendieren, sich seiner gänzlich innewerden und doch ganz bei sich selbst bleiben. Nach Sartres Tod widmete sie sich der Herausgabe eines Buches über das Ende ihres geliebten Freundes und Partners und übernahm den Vorsitz in einer Kommission zur „Kulturpolitik für Frauen", dies zu Zeiten der Präsidentschaft von François Mitterrand. Am 14. April 1986 starb Simone de Beauvoir im Alter von 78 Jahren.

Ganz anders als die existenzialistische Philosophie von Sartre und de Beauvoir mutet das Werk von Albert Camus an. Politisch distanzierte sich der am 7. November 1913 geborene Denker frühzeitig von der Ideologie des Kommunismus. Camus schreibt: „Die Welt ist nicht so in sich geschlossen, wie es den Anschein hat." Das Absurde ist das Signum, das bestimmende Merkmal der Wirklichkeit, keine Metaphysik, keine Geschichtsphilosophie und auch kein politisches System verweist auf eine höhere Wahrheit. Weder gibt es den Gott des Christentums noch eine andere letzte Instanz, auch keine Transzendenz. Allein in einer authentisch gelebten Liebe zum Diesseits vermag der Mensch sein Glück zu finden. Camus erläutert dies an dem Beispiel, dass man sich dem Luxus hingeben könne, gelassen in einer Badewanne zu angeln, wohl wissend, dass man dort keinen Fisch fangen würde: „Das Absurde wird anerkannt und akzeptiert, der Mensch findet sich mit ihm ab, und von diesem Augenblick an wissen wir, dass es nicht mehr das Absurde ist. Was für eine größere Hoffnung gibt es in den Grenzen der conditio humana als diejenige, dieser conditio zu entkommen? … Eine Wahrheit wird, wenn man sie definiert, steril. Jede Evidenz ist steril. In einer Welt, in der alles gegeben und nichts erklärt ist, ist die Fruchtbarkeit eines Wertes oder einer Metaphysik ein sinnloser Begriff."

Albert Camus verfasste Dramen, Romane und Essays, studiert hatte er Philosophie. Er arbeitete als Angestellter und beim Rundfunk, verfasste seine Abschlussarbeit über „Die Beziehungen zwischen Hellenismus und Christentum in den Werken von Plotin und Augustin", doch wurde er seiner gesundheitlichen Probleme wegen – er litt an Tuberkulose – nicht zum Staatsexamen zugelassen. Camus hielt sich zeitweilig in Algerien auf, schloss sich dann einer französischen Widerstandsgruppe an und veröffentlichte 1942 den Roman „Der Fremde", im selben Jahr erschien „Der Mythos des Sisyphos", Camus' Auseinandersetzung mit dem Absurden und der Möglichkeit der Sinngebung in einer offenkundig sinnlosen Welt. Mit den Linksintellektuellen in Frankreich entzweite er sich. 1947 publizierte er den erfolgreichen, rasch preisgekrönten Roman „Die Pest". Mit Fragen der Selbstjustiz beschäftigte sich Camus in den folgenden Jahren, veröffentlichte neue Aufsätze und stritt sich lebhaft mit Sartre über die Politik in dieser Zeit. Nach der gewaltsamen Niederschlagung des Aufstandes am 17. Juni 1953 in Ost-Berlin kritisierte Albert Camus vehement den Kommunismus und seine Verteidiger im Westen. Bei einem Autounfall am 4. Januar 1960 starb der Schriftsteller und Philosoph im Alter von 46 Jahren.

Die Geschichte des Sisyphos in der Deutung Camus' zeigt die Möglichkeit einer Sinngebung menschlichen Tuns unter einem götterlosen Himmel in einer offenkundig absurden

Welt. Auch wenn der Stein, den Sisyphos mühsam den Berg hinaufrollt, unter Aufwendung all seiner Kraft, jedesmal wieder zurückrollt, ist dieses doch so wenig sinnlos wie all das menschliche Tun, das das Individuum als in sich sinnvoll anerkennt, nämlich als sein Schicksal, als ganz und gar ihm zugehörig. Albert Camus schreibt: „Ich verlasse Sisyphos am Fuße des Berges! Seine Last findet man immer wieder. Sisyphos jedoch lehrt uns die höhere Treue, die die Götter leugnet und Felsen hebt. Auch er findet, dass alles gut ist. Dieses Universum, das nun keinen Herrn mehr kennt, kommt ihm weder unfruchtbar noch wertlos vor. Jedes Gran dieses Steins, jedes mineralische Aufblitzen in diesem in Nacht gehüllten Berg ist eine Welt für sich. Der Kampf gegen Gipfel vermag ein Menschenherz auszufüllen. Wir müssen uns Sisyphos als einen glücklichen Menschen vorstellen."

Kritische Theorie

Die Soziologie wurde im 20. Jahrhundert an den Universitäten in Deutschland, Europa und Amerika zu einer Leitwissenschaft. Studien zur Gesellschaft, zur Rolle des Individuums inmitten der Gemeinschaft, gab es auch zu früheren Zeiten. Institutionalisiert als selbstständiges Fach und Lehrgebiet wurde die Soziologie in vollem Umfang aber erst spät, so dass manche Zeitgenossen versucht sind zu glauben, die Vordenker der so genannten „Frankfurter Schule", namentlich Theodor W. Adorno und Max Horkheimer, hätten diese Wissenschaft erst erfunden. Diese beiden Denker betrieben eine forcierte Schulbildung, so dass gewissermaßen die Ankunft der Wissenschaft – und mit ihr die zahlloser Schülerinnen und Schüler bis hinein in unsere Zeit – an den Universitäten mit ihrem Namen verbunden ist. Freilich wäre es fahrlässig, den bestimmenden Einfluss dieses Denkens, dessen primär soziologische Ausrichtung philosophische Argumentationsweisen und auch psychoanalytische Erkenntnisse integriert, zu unterschätzen, vornehmlich seit dem Jahr 1968.

Ungewollt wurden Adorno und Horkheimer zu den geistigen Vätern der Studentenbewegung. Zwar war ihnen an einer kritischen Auseinandersetzung mit dem Nationalsozialismus und mit der bestehenden Ordnung der Gesellschaft gelegen, jedoch erkannten sie mit Entsetzen, dass diese Debatte zunehmend mit agitatorischen Mitteln, dem Einsatz von Gewalt und der Blockade des wissenschaftlichen Gesprächs geführt wurde. Man konnte nicht für eine Neuorientierung der Wissenschaft kämpfen, indem man jeglichen Anspruch preisgab und schon den Gedanken der Bildung für bürgerlich erklärte – und daher ablehnte. Adorno und Horkheimer waren Kritiker der Gesellschaft, philosophisch inspiriert, neomarxistisch geschult und soziologisch orientiert, aber sie waren natürlich gänzlich ernsthafte Wissenschaftler, trotz manch polemischer Züge, die insbesondere Adorno zeigte, etwa wenn er in seinem Werk „Jargon der Eigentlichkeit" mit scharfer Missbilligung die existenzphilosophische Diktion von Jaspers und Heidegger kritisierte.

Theodor W. Adorno wurde am 11. September 1903 in Frankfurt am Main geboren. Seine Mutter war Sängerin, deren Musikalität den Sohn außerordentlich beeindruckte. Adornos Liebe zur Musik, die in vielen Aufsätzen und Monografien Widerhall fand, begann sehr früh. Er nahm Kompositionsunterricht am Hochschen Konservatorium und arbeitete während des Studiums als Musikkritiker. An der Universität – Adorno studierte Philosophie, Psychologie und Soziologie – lernte er 1922 Max Horkheimer kennen. Das Frankfurter Institut für Sozialforschung wurde 1924 gegründet. Erster Direktor war Carl Grünberg. Adorno promovierte im selben Jahr mit der Schrift „Die Transzendenz des Dinglichen und Noematischen in Husserls Phänomenologie" und habilitierte sich, nachdem er noch einige Zeit Komposition in Wien bei Alban Berg studierte hatte, 1931 bei Paul Tillich mit der Arbeit „Die Konstruktion des Ästhetischen bei Kierkegaard" in Frankfurt und wurde Privatdozent für Philosophie.

1933 wurde ihm nach der Machtergreifung der Nationalsozialisten die Lehrbefugnis entzogen. Adorno ging nach Oxford. 1938 emigrierte er in die Vereinigten Staaten von Amerika und arbeitete für das New Yorker Institut für Sozialforschung. 1941 zog Adorno nach Los Angeles und traf dort erneut auf Horkheimer. Die Freundschaft wurde intensiviert. Gemeinsam entstand das Werk „Dialektik der Aufklärung", das 1947 unter dem Titel „Philosophische Fragmente" in geringer Auflage veröffentlicht wurde. Das Denken der Aufklärung führe zum Fortschritt, aber Fortschritt sei oft gleichbedeutend mit Destruktion, indem der Fortschrittsgedanke nach der Kritik des Mythos selbst zum Mythos werde. Bereits in der Antike zeigt sich im Mythos ein Element der Kritik, nur in einer anderen Sprache, mit Bildern und Erzählungen. Noch immer ist die Aufklärung diesem Denken verhaftet. Die Natur wird unterdrückt, aber sie rächt sich durch die Herrschaft der Technizität und den Triumph eines anonymen Herrschaftssystems, das die durch Aufklärung scheinbar errungene Freiheit des Menschen wieder beschneidet, einengt und aufhebt. Die Selbstaufklärung der Aufklärung wird gefordert und beispielhaft durchgeführt an der Kritik der „Kulturindustrie". Doch der Umschlag in längst historisch überwunden geglaubte Zustände der menschenverachtenden Barbarei ist immer wieder möglich, wie etwa der Antisemitismus im 20. Jahrhundert zeigt.

1949 kehrte Adorno nach Frankfurt zurück und lehrte an der Universität Philosophie. Ein Jahr später wurde das Institut für Sozialforschung ebendort neu gegründet. Adorno wurde der stellvertretende Direktor dieser Einrichtung. 1951 erschien die Sammlung „Minima Moralia. Reflexionen aus dem beschädigten Leben", ein viel gelesenes Buch mit Notizen zum Zeitgeschehen, gelegentlich in aphoristischer Schärfe formuliert, das den Namen Adorno weithin bekannt machte. Die Lehrbefugnis für das Fachgebiet Soziologie, unter Einschluss der Philosophie, wurde Adorno 1953 zuerkannt, zum Ordinarius bestimmt wurde er 1957. Als Direktor des Instituts für Sozialforschung amtierte er ab dem Jahr 1958. Adorno veröffentlichte in dieser Zeit beständig wissenschaftliche Arbeiten, die meisten gehörten in den Bereich der musiksoziologischen Studien. Daneben erschienen Aufsätze und Bücher zu Hegel und zur Literatur der Zeit, Monografien zu Komponisten wie Gustav Mahler und Alban Berg.

Charakteristisch und bis in unsere Zeit wirksam sind seine Reflexionen zur Philosophie in der modernen Gesellschaft: „Die offizielle Philosophie dient der so funktionierenden Wissenschaft. Sie soll, als eine Art Taylorismus des Geistes, seine Produktionsmethoden verbessern helfen, die Aufstapelung der Kenntnisse rationalisieren, die Vergeudung intellektueller Energien verhindern. Ihr ist in der Arbeitsteilung der Platz zugewiesen wie der Chemie oder Bakteriologie. Die paar philosophischen Restbestände, die zur Gottesverehrung und zur Schau ewiger Wesenheit zurückrufen, werden an weltlichen Universitäten gerade noch geduldet, weil sie so reaktionär sind. Des weiteren pflanzen sich noch einige Historiker der Philosophie fort, die unermüdlich Plato und Descartes vortragen und hinzufügen, dass sie schon veraltet sind. Ihnen gesellt sich da und dort ein Veteran des Sensualismus oder ein geeichter Personalist. Sie jäten aus dem Feld der Wissenschaft das dialektische Unkraut aus, das sonst hochschießen könnte."

Dieser Zustandsbeschreibung setzt Adorno die unvermindert wichtige Autonomie der Philosophie entgegen, die sich in niemandes Abhängigkeit begeben soll. Tut sie dies doch, so verrät sie ihre eigene Bestimmung: „Im Gegensatz zu ihren Verwaltern bezeichnet Philosophie mit anderem das Denken, sofern es vor der herrschenden Arbeitsteilung nicht kapituliert und seine Aufgaben von ihr sich nicht vorgeben lässt. Das Bestehende zwingt die Menschen nicht bloß durch physische Gewalt und materielle Interessen sondern durch übermächtige Suggestion. Philosophie ist nicht Synthese, Grundwissenschaft oder Dachwissenschaft, sondern die Anstrengung, der Suggestion zu widerstehen, die Entschlossenheit zur intellektuellen und wirklichen Freiheit."

1966 veröffentlichte Adorno die „Negative Dialektik". Die Gesundheit war mitunter instabil geworden, doch die philosophische und soziologische Forschung betrieb der Gelehrte weiterhin leidenschaftlich. Er wurde zu Radio- und Fernsehgesprächen eingeladen. Dies nahm er gerne wahr. Vor einer Radiodiskussion mit Hans Mayer und Marcel Reich-Ranicki sagte Adorno, er fühle sich nicht wohl und müsse sich, bedauerlicherweise, nur auf Stichworte beschränken. Die Gesprächspartner waren unzufrieden, aber sie fügten sich. Die Radiosendung begann und Adorno, kaum vorgestellt, redete in einem fort, die ganze Sendezeit hindurch. Dieses Mitteilungsbedürfnis, in dem sich ein durchaus auch philosophisches und soziologisches Sendungsbewusstsein eines Mannes artikulierte, der sehr gebildet war, dies aber auch durch Habitus und Auftreten andere spüren ließ, blieb ihm bis zuletzt eigen. Er trat großbürgerlich auf, formulierte zugespitzt, schrieb nicht, sondern komponierte seine Arbeiten gewissermaßen nach einer philosophischen Zwölftonmusik. Wer Adornos Texte liest, bewundert sogleich die Eigenständigkeit dieser Art zu schreiben, während er auch die veritable Eigenwilligkeit konstatiert, ein artifizielles Spiel mit Formulierungen bemerkt, das den Leser durchaus zu betören vermag. In eine eigensinnige, virtuos-atonal anmutende Musikalität der Sprache gekleidet verbirgt der Philosoph zuweilen, kunstvoll verschleiert, einen immensen gedanklichen Reichtum, den der Leser sich durch angestrengte und mitunter auch anstrengende Reflexion erschließen kann.

Adorno erlag während einer Urlaubsreise in die Schweiz am 6. August 1969 im Alter von 65 Jahren einem Herzinfarkt. Sein Freund Max Horkheimer äußerte über den Verstorbenen: „Wenn ein geistiger Mensch in unserer Zeit des Übergangs den Namen des Genies tragen darf, dann gebührt er ihm."

Max Horkheimer wurde am 14. Februar 1895 in Stuttgart geboren. Sein Vater war Fabrikant, der Sohn sollte einmal den Betrieb übernehmen. Horkheimer verbrachte drei Jahre als Juniorchef in der väterlichen Firma, bis 1917 die Einberufung zum Militär erfolgte. Nach Ende des Ersten Weltkrieges holte Horkheimer zusammen mit Friedrich Pollock, ebenso ein späterer Mitarbeiter in Frankfurt, mit dem er seit 1911 befreundet war, sein Abitur nach und studierte in München, Frankfurt und Freiburg, vornehmlich Philosophie. Er promovierte 1922 mit einer Arbeit über Kant. Diese Studie über die „Kritik der Urteilskraft" bildete die Grundlage für seine 1925 erfolgende Habilitation zu dem Thema „Über Kants Kritik der Urteilskraft als Bindeglied zwischen theoretischer und praktischer Philosophie". Fünf Jahre lehrte Horkheimer als Privatdozent, ehe er 1930 zum Ordinarius für Sozialphilosophie berufen und zum Direktor des Instituts für Sozialforschung bestellt wurde.

Die Ausrichtung des Instituts für Sozialforschung gewann durch Horkheimer, aber auch durch den gleichfalls 1930 eingesetzten Erich Fromm als Leiter des Bereichs für Sozialpsychologie seine eigentliche Formung auf die „Kritische Theorie", die zu dieser Zeit ihren Anfang als bestimmende Theorie einer neu konzipierten Gesellschaftskritik nahm. Jahre später formulierte Horkheimer in dem Aufsatz „Traditionelle und kritische Theorie" die wesentliche Absicht dieser von neomarxistischen Gedanken geprägten Wissenschaft, die soziologische und philosophische Momente neu verbindet: „Die kritische Theorie hat bei aller Einsichtigkeit der einzelnen Schritte und der Übereinstimmung ihrer Elemente mit den fortgeschrittensten traditionellen Theorien keine spezifische Instanz für sich als das mit ihr selbst verknüpfte Interesse an der Aufhebung des gesellschaftlichen Unrechts … Eine Wissenschaft, die in eingebildeter Selbständigkeit die Gestaltung der Praxis, der sie dient und angehört, bloß als ihr Jenseits betrachtet und sich bei der Trennung von Denken und Handeln bescheidet, hat auf die Humanität schon verzichtet … Die Selbstbestimmung der Wissenschaft wird immer abstrakter. Der Konformismus des Denkens, das Beharren darauf, es sei ein fester Beruf, ein in sich abgeschlossenes Reich innerhalb des gesellschaftlichen Ganzen, gibt das eigene Wesen des Denkens preis." Ihr Ziel ist die „Herstellung eines gerechten Zustandes unter Menschen".

1933 wurde Horkheimers Haus von der SA besetzt, das Institut für Sozialforschung durch die Machthaber des NS-Staates geschlossen und die Bibliothek als „kommunistisches Vermögen" beschlagnahmt. Max Horkheimer wanderte über die Schweiz nach Amerika aus. An der Columbia Universität in New York konnte er seine Studien fortsetzen. 1941 erfolgte die Übersiedlung nach Los Angeles, die intensive Zusammenarbeit mit Theodor W. Adorno begann. 1944 hielt Horkheimer Vorlesungen in der Abteilung für Philosophie an der Columbia Universität unter dem Titel „Society and Reason". Diese gab er dann, weiter ausgearbeitet, als „Zur Kritik der instrumentellen Vernunft" heraus. Horkheimer verfolgt in dieser Schrift den Begriff der objektiven Wahrheit und kritisiert entschieden die pragmatistischen Verkürzungen einer bloß zweckrational operierenden Vernunft, die zu beliebigen Zwecken den Menschen wie die Wissenschaft als dienliches Mittel einsetzt und damit großer Inhumanität den Weg bereitet, so dass im kapitalistischen Wirtschaftssystem die Autonomie unterbunden und die Freiheit vernichtet wird. Horkheimer führt aus: „In alldem ist eine Moral: die Individualität wird beeinträchtigt, wenn jedermann beschließt, sich selbst zu helfen. Während der gewöhnliche Mensch sich von der Teilnahme an politischen Angelegenheiten zurückzieht, kehrt die Gesellschaft zum Gesetz des Dschungels zurück, das alle Spuren von Individualität tilgt. Das absolut isolierte Individuum ist stets eine Illusion gewesen. Die am höchsten geschätzten persönlichen Qualitäten wie Unabhängigkeit, Wille zur Freiheit, Sympathie und der Sinn für Gerechtigkeit sind ebenso gesellschaftliche wie individuelle Tugenden. Das vollentwickelte Individuum ist die Vollendung einer vollentwickelten Gesellschaft. Die Emanzipation des Individuums ist keine Emanzipation von der Gesellschaft, sondern die Erlösung der Gesellschaft von der Atomisierung, eine Atomisierung, die in Perioden der Kollektivierung und Massenkultur ihren Höhepunkt erreichen kann."

Zur Zeit der McCarthy-Prozesse wuchs Horkheimers Unbehagen an den antikommunistischen Tendenzen in der amerikanischen Gesellschaft. 1948 erhielt er eine Gastprofessur in Frankfurt, ein Jahr später wurde er zum ordentlichen Professor für Philosophie und Soziologie berufen. Als sein Stellvertreter fungierte Adorno. Verdruss herrschte über die Wiedereinsetzung ehemaliger Nationalsozialisten in ihre alten Positionen, über ihren bestimmenden Einfluss. Horkheimer schreibt in einem Brief an seine Frau: „Man denke, die paar Prozent Deutscher, die unter Gefahr ihres Lebens wirklich gegen die Nazis waren, sind im Grunde heute noch die, welche in jeder Hinsicht benachteiligt sind. Nicht nur haben sie keine Protektion durch die ehemaligen Parteigenossen, sondern eben diese bringen es noch fertig, dass sich gegen diese wenigen alle jene Nachteile richten, von welchen die Deutschen als Besiegte betroffen werden. Dies soll nicht heißen, dass es nicht auch manchen wirklichen Nazis nicht besonders gut geht, im großen ganzen aber wird gerade der kleine Prozentsatz der Anständigen von allem betroffen. Die Lumpen werden mit Glorie entnazifiziert und wieder in ihre früheren Stellungen gesetzt."

1950 erfolgte die Wiedereröffnung des Frankfurter Instituts für Sozialforschung. Horkheimer trat erneut das Amt des Direktors an. Er entfaltete in den folgenden Jahren eine umfassende Vortragstätigkeit in Deutschland. Allerdings war er, ebenso wie Adorno, in den fünfziger Jahren immer wieder antisemitischen Ressentiments der Frankfurter Professoren ausgesetzt. 1958 gab er das Amt des Direktors auf. Adorno wurde sein Nachfolger. Max Horkheimer erlebte die spannungsgeladenen Jahre in Frankfurt zwiespältig. Er wurde 1967 von aufgebrachten Studenten beschimpft und geschmäht, so dass er ebenso wie Adorno diese Proteste mit Unbehagen und innerer Distanz verfolgte. Die „Horkheimer raus!"-Rufe schmerzten ihn sehr.

Horkheimer beschäftigte sich im Alter erneut mit der Philosophie Arthur Schopenhauers. 1971 wurde er mit dem Hamburger Lessing-Preis ausgezeichnet. Seine Dankrede wurde zu einer Art geistigem Vermächtnis. So sagte er, mit tiefem Ernst und resignativer Haltung: „Was einst Geist hieß, was im nüchternen Verstand nicht aufging, Phantasie und Liebe, weichen der sogenannten Sachlichkeit. Wie zweckmäßig die Resultate des technischen Fortschritts immer sich erweisen mögen, sie sind verbunden mit dem Rückgang des Inneren, mit seelischer Ernüchterung … Die Gegenwart, das Chaos in vielen Städten nicht ausgeschlossen, ist ein Übergang zu immer mehr entschiedener Regulierung. Wohlgeordnete Arbeit, Organisation des Schaffens, das Zusammenwirken wissenschaftlich dirigierter industrieller Verrichtungen drängen den Einzelnen dazu, in seiner produktiven Existenz als Element des technischen Ganzen dem Betrieb, zumindest der Gewerkschaft, sich zu fügen. Autonomie wird zur Nebensache, zur privaten Angelegenheit, sie gehört in die Freizeit … Mag bis zur Abschaffung der Klassenunterschiede noch beträchtliche Zeit verfließen, die Richtung menschlicher Geschichte zum Rückgang der Bedeutung des Einzelnen und zur Verwirklichung der Gattung ist durch den Gang der Technik angezeigt. Wird er durch Unfälle oder Kriege unterbrochen und zurückgeworfen, dem inneren Sinn nach zielt er auf Ähnlichkeit industrieller Verrichtungen, auf die total verwaltete Welt. Den Fortschritt zu hemmen, wäre unrecht; es gilt jedoch zu erkennen, was an Schlechtem wie an Gutem durch ihn vergeht … Je mehr das Leben einem gleichsam automatischen Ganzen zugehört, desto weniger spielt die innere Gemütsverfassung eine Rolle, desto gleichgültiger werden delikate Unterschiede des Charakters. Menschliches Verhalten passt der Nichtigkeit des Kügelchens im Universum sich an …“ Am 7. Juli 1973 verstarb Max Horkheimer im Alter von 78 Jahren in Nürnberg.

Zu den bekanntesten Philosophen deutscher Sprache im ausklingenden 20. und beginnenden 21. Jahrhundert zählt Jürgen Habermas. Am 18. Juni 1929 wurde er in Düsseldorf geboren, studierte in Göttingen, Zürich und Bonn Philosophie, Psychologie, Literatur- und Wirtschaftswissenschaft. 1954 promovierte er mit der Arbeit „Das Absolute in der Geschichte“, eine Studie zu Schellings Spätphilosophie. Einige Jahre arbeitete Habermas freiberuflich als Journalist, ehe er 1956 Adorno kennenlernte und zur Mitarbeit am Frankfurter Institut für Sozialforschung motiviert wurde. Die Begegnung mit Adorno brachte Habermas mit der kritischen Theorie der Gesellschaft in engen Kontakt. Aus dieser fruchtbaren Zeit ging 1961 die Habilitationsschrift „Strukturwandel der Öffentlichkeit" hervor. Sogleich erfolgte die Berufung an die Heidelberger Universität. Dort trat Habermas im selben Jahr eine außerordentliche Professur für Philosophie an. Weiterhin verbunden blieb er den sozialphilosophischen Forschungen in Frankfurt. Er verfasste Schriften zur politischen Philosophie, diskutierte Probleme des demokratischen Rechtsstaates, als dessen Grundlage er die zwanglose Willensbildung ansah.

Von 1964 bis 1971 wirkte Habermas als Professor für Philosophie und Soziologie an der Universität Frankfurt. Zur Zeit der Studentenbewegung entfaltete er auch in der Öffentlichkeit eine große Wirkung. Habermas war eine politische Gestalt in jener Zeit. Obwohl er durchaus Sympathien für den Protest hegte, grenzte er sich doch letztlich deutlich von der Gewaltbereitschaft vieler Studentengruppen ab, die jenseits der Wissenschaft das Bild der Universität bestimmten. Er forderte Loyalität und Treue zur Verfassung der Bundesrepublik Deutschland. Die Notwendigkeit von substanzieller Kritik durfte nach Habermas' Auffassung nicht zu gewaltsamen Maßnahmen führen, ebenso wenig zur Blockade von Lehrveranstaltungen. 1968 veröffentlichte der Philosoph die bekannt gewordene Studie „Erkenntnis und Interesse". Im Jahr 1971 verließ Habermas die Frankfurter Universität. Er wurde Direktor des Starnberger Max-Planck-Instituts, einer Einrichtung, in der die Lebenswelt der Moderne im Zeitalter des naturwissenschaftlich-technischen Fortschritts erforscht wird. Bis 1983 dauerte seine Amtszeit. In diesen Jahren veröffentlichte er etliche gesellschaftskritische Schriften und arbeitete kontinuierlich an seinem großen Werk, der 1981 publizierten

„Theorie des kommunikativen Handelns", in dem er das Verhältnis zwischen den Sozialwissenschaften und der Philosophie neu bestimmte, insbesondere aber die Verbindung beider Bereiche empfahl. Auch Habermas wirkte in jener Zeit entscheidend daran mit, dass der Einfluss soziologischer und sozialphilosophischer Forschung die historisch-systematische Zugangsweise zur Philosophie zu dominieren begann. So wichtig die Würdigung der Wirklichkeit der Gesellschaft in der Moderne auch sein mochte, so gerieten nach und nach die traditionellen Gegenstände des Wissens aus dem Blick, da die Analyse der sozialen Dimension der jeweils diskutierten Problematik andere Fragestellungen zunehmend überlagerte, so dass in kritischer Absicht von einer Soziologisierung der Geisteswissenschaften gesprochen wurde.

Jürgen Habermas kehrte 1983 als Professor für Philosophie, speziell für Sozial- und Geschichtsphilosophie, an die Frankfurter Universität zurück. Die Diskurse jener Zeit kreisten um die vielfach erörterte Systemtheorie, die sich mit dem Namen Niklas Luhmann verbindet, aber auch die aufstrebende Disziplin der Wissenschaftstheorie und die Probleme der Ethik gerieten in den Fokus wissenschaftlicher Untersuchungen. Habermas nahm regen Anteil an öffentlichen Debatten. Er publizierte 1985 die Werke „Diskurs der Moderne" und „Die neue Unübersichtlichkeit". Besonders der Titel der letztgenannten Schrift scheint exakt den Nerv jener Zeit getroffen zu haben. Auch Habermas erwies sich als Kritiker des ethischen Relativismus in der so genannten Postmoderne. 1992 veröffentlichte er die rechtsphilosophische Abhandlung „Faktizität und Geltung". Zahlreiche Aufsätze und Bücher folgten. Viel beachtet wurde 2004 das Gespräch „Dialektik der Säkularisierung" mit dem damaligen Kardinal Joseph Ratzinger, in welchem eine große Einigkeit zwischen beiden Denkern in Hinsicht auf die Schwierigkeiten aufschien, die der herrschende Relativismus in der postmodernen Gesellschaft für deren Entwicklung bedeutet. Zu den jüngsten Publikationen von Jürgen Habermas gehört eine Sammlung von Beiträgen, die ausdrücklich auch religionsphilosophische Fragen berühren, erschienen ist diese unter dem Titel „Zwischen Naturalismus und Religion".

Denker der Postmoderne

Die Philosophie des Existenzialismus verlor schon vor dem Tod Sartres in Frankreich ihren bestimmenden Einfluss auf das geistige Leben. In den siebziger Jahren des 20. Jahrhunderts wurde – entsprechend dem herrschenden Zeitgeist – die neue, auf vielerlei Weise revolutionär anmutende Soziologie Michel Foucaults zu einer Art Weltbetrachtung, die regelrecht als Wissenschaftstrend bezeichnet werden könnte, so wenig Spuren davon auch blieben. Neben Foucault zählten auch der Marxist Louis Althusser und strukturalistisch orientierte Sprachtheoretiker wie Ferdinand de Saussure sowie Jacques Lacan zu den inspirierenden, wegweisenden Denkern dieser Zeit, die sich samt und sonders geistig längst abseits der existenzialistischen Philosophie bewegten.

Jacques Derrida wurde am 15. Juli 1930 in El Biar, Algerien, geboren und starb am 8. Oktober 2004 in Paris. Er gilt als poststrukturalistisch orientierter Begründer des Dekonstruktivismus. Husserls Philosophie prägte ihn. Derrida fragte: Sind Texte wirklich entzifferbar? Verbergen diese eine letzte Sinnschicht, eine verborgene Bedeutung, die sich dem Leser nur mittelbar erschließt? Dazu empfahl der Philosoph eine neue Zugangsweise zur Erschließung des Textverständnisses, eine sinnkritische Untersuchung, die nach den Möglichkeiten, Bedingungen und Grenzen des Verstehens fragt, den Geltungsbereich des Gesagten ausleuchtet und so dem ratlosen Leser die unbekannte Welt dieser Texte erschließt. Wie ist dies zu verstehen? Wenn wir einen Text lesen, nehmen wir Zeichen wahr, die wiederum von Voraussetzungen abhängig sind. Der Text, der vor uns liegt, steht in einem ganz bestimmten Zusammenhang, geschichtlich, aber auch in Bezug auf die geistige Welt, in der der Verfasser sich bewegte. Die Wörter oder Zeichen haben für uns schon eine Bedeutung, die vom Text verschieden ist. So entdecken wir viele Momente, die zwischen dem Text und einem adäquaten Verständnis dieses Textes sich befinden.

Derrida sagt, dass ein Zeichen aus zwei Merkmalen besteht, aus einer ideellen Bedeutung, dem „Signifikat", und einem materiellen Träger derselben, dem „Signifikant". Letzteres ist etwa das Schriftbild. Ein Signifikant wäre nach dem Alltagsverständnis bloß ein Medium. Für Derrida ist es aber mehr als das, denn ein „Signifikant" erweitert diese Rolle des Vermittelnden, ohne dass sich der Leser dessen bewusst ist. Daher spricht er von einem „transzendentalen Signifikat", begrifflich impliziert dies, dass die Bedeutung nicht in die Sphäre der Transzendenz erweitert, sondern einfach überschritten wird: „Jedes Signifikat befindet sich immer schon in der Position des Signifikanten." Das bedeutet für den schlichten, uns vorliegenden Text, dass schriftliche Äußerungen, auch mündliche, gar nicht unmittelbar erfolgen können. Ein Schriftsteller liefert, so sehr er sich auch anstrengen mag, keine Möglichkeit eines Zugriffs auf den Sinngehalt des Ausgeführten. Was er niederschreibt, ist ein Text, ein „Zeichen von Zeichen" und damit „Signifikat von Signifikanten". Der Verfasser mag gewiss einen bestimmten Sinngehalt ausdrücken wollen. Dies aber gelingt ihm immer nur bedingt. Das schreibende Subjekt kann nicht gewährleisten, dass die Äußerungen dem Sinn entsprechen, welchen es intendiert, und beim Rezipienten auslösen, was er beabsichtigt hat. Trivial gewendet bedeutet dies, dass der Verfasser nicht so verstanden wird, wie er verstanden sein möchte, da er zwar Herr seines eigenen Textes ist, nicht aber Verfügungsgewalt über die Interpretation oder Resonanz des Lesers hat. Was ich schreibe, kann mein Leser ganz anders auffassen, als ich möchte. Derrida spricht von der „Tragik der Verspätung" und wählt als Beispiel die Postkarte. Die Bedingungen des Verstehens seitens des Empfängers werden nicht vom schreibenden Subjekt beeinflusst. Es wird keine Bedeutung vermittelt, sondern eine Bedeutung wird zugeschrieben, vom Empfänger an den Adressaten. Die Postkarte kommt, so Derrida, immer zu spät, da diese mit der spezifischen Sichtweise, den Schemata des Verstehens und der jeweiligen Bedeutung, die im Empfänger immer schon vorhanden ist, aufgefasst wird. Genau so verhält es sich mit der Lektüre eines Textes. So sei es unmöglich, „Individuelles und Allgemeines" zu vermitteln.

Jacques Derrida verfasste Abhandlungen zur Kritik der Metaphysik und wandte sich auch der praktischen Philosophie in verstärktem Maße zu. Als problematisch beurteilte er jene ethischen Entwürfe, die das Einzelne ungeniert in ein Allgemeines übertragen. Das Subjekt ist nicht reduzibel, das betrifft sowohl den Menschen in seiner – nur in der Individualität in vollem Umfang erfahrbaren – Würde wie auch den Begriff der Philosophie, der niemals gänzlich in ein System integriert werden kann, ohne die ihm spezifische Eigenheit einzubüßen. Das Bewusstsein für die Bewahrung des Subjekts ebenso wie für die Bewahrung gefährdeter Begriffe wie „Gerechtigkeit" oder „Recht", die wesentlich ungeschützt sind, versuchte er durch eine Reihe von Schriften zu Fragen der Zeit zu schärfen. Derrida vertrat zwar die Auffassung, dass solche Begriffe, die im Bereich des Politischen diskutiert werden, nicht in einer überzeitlichen ontologischen Bestimmung zu fassen, sondern der jeweiligen Zeit und den gesellschaftlichen Umständen angepasst sind, jedoch versuchte er den Wert dieser Begriffe in ihrer geistvollen Ursprünglichkeit zu betonen. Es folgten nach den Hauptwerken „Die Schrift und die Differenz" und „Grammatologie" Arbeiten zur Ästhetik, zu Politik und Ethik, doch im Gedächtnis bleibt vor allem Derridas Bemühen, die kritische Aufmerksamkeit für elementare Probleme des Verstehens auf neue Weise exemplarisch aufzuweisen.

In gleicher Weise wurde auch Jean-François Lyotard – geboren am 10. August 1924 in Versailles, verstorben am 21. April 1998 in Paris – zunächst von der Philosophie Edmund Husserls beeinflusst, später griff er zunehmend Gedanken von Wittgenstein auf und führte diese weiter. Lange Jahre gehörte Lyotard einer linksintellektuellen Gemeinschaft an, die die Idee eines westeuropäischen Kommunismus verfolgte. 1966 verabschiedete sich der Philosoph aus diesem Kreis, wurde 1968 zum Professor für Philosophie berufen, unterrichtete bis zu seiner Emeritierung 1987 in Paris, zeitweilig auch in den Vereinigten Staaten von Amerika.

Die bekannteste Schrift von Lyotard ist die 1979 erschienene Studie „Das postmoderne Wissen", mit der er, gänzlich ungewollt, den philosophischen Diskurs zur Postmoderne eröffnete. Der Philosoph wollte mitnichten durch einen geistigen Impuls ein neues Zeitalter der Reflexion beschwören, sein Anliegen war vielmehr, die Probleme der Gegenwart und ihre Verschränkung zur Sprache bringen, also die Pluralität der Diskurse, die Vielfalt der Zugänge zum Wissen und die Mannigfaltigkeit der Lebensformen in der Gesellschaft. Lyotard verteidigte weder die mit der Postmoderne leichthin assoziierte Beliebigkeit noch suchte er einen neuen Weg zur Philosophie. Stattdessen machte er sichtbar, dass die Divergenz, die er mittels der Sprachphilosophie aufdeckte, nicht mehr zugunsten des einen oder anderen Systems in Ermangelung einer Urteilsregel entschieden werden konnte, die zu den Argumentationsstrategien der miteinander in Konflikt geratenen Parteien passen würde. Dadurch entsteht eine Gleichrangigkeit und Gleichwertigkeit bestimmter Lebensweisen, auf gewisse Weise auch ein ethischer Relativismus, wie er bis heute ebenso entschieden von Philosophen und Kirchenführern wie Benedikt XVI. kritisiert wird. Wenn der Streitfall nach Lyotard gelöst würde, so geschähe einer der beteiligten Parteien ein Unrecht, da eine philosophisch akzeptabel universelle Urteilsregel nun einmal nicht gegeben sei. Den Widerstreit zuzulassen, die Verschiedenheit in ihrer disparaten Buntheit zu akzeptieren, hielt er für wichtig, da jede Theorie, die den Widerstreit auflösen wollte, in die Selbstgewissheit des Terrors, wie sie einem absoluten Anspruch eigen ist, münden würde.

Lyotards Differenzierungen galten den Formen des Wissens und der Wissenschaft, basierend auf der Annahme, dass Kommunikation immer als Sprachspiel zu begreifen sei. So gebe es das szientifische, also wissenschaftliche Wissen mit ungeklärter Legitimation und das narrative Wissen, traditionell in erzählerischer Weise, welches sich aus sich selbst heraus legitimiert. Im Bereich der Wissenschaft besteht die Emanzipationsbewegung, initiiert durch Kant mit dem Begriff der Aufklärung und die spekulative Metaphysik Hegels, die einen ganzheitlichen Systementwurf für das Weltverständnis philosophisch entwickelt. Letztere sei untauglich, da die Bedingtheit der Erkenntnis und der eingeschränkte Geltungsanspruch einer solchen Theorie nicht gesehen werde, da sie nur eine mögliche Interpretation, aber niemals die einzig gültige sei, während der emanzipatorische Impuls der Aufklärung auch unhaltbar sei, da diese aus sich selbst heraus nicht die

Verbindlichkeit ihres Regelwerkes zu begründen imstande ist. Eine übergreifende Theorie oder eine Idee, in der die Gegensätze versöhnt werden könnten, besteht nicht, und die Gefahr, die sich durch harmonistische Ansätze ergibt, weist Lyotard entschieden zurück. Die pluralistische Vielfalt der Entwürfe gilt es beizubehalten und diese gleichsam in Freiheit wachsen, aber auch in Streit geraten zu lassen, jedoch sich vor einer Entscheidung zu hüten, die redlicherweise nicht möglich ist, da diese die Grenzen der Erkenntnis übersteigt. Philosophie bleibt, darin folgt Lyotard der kritischen Philosophie Kants, daran gebunden, die „Regel des Denkens" zu suchen und zu entdecken – und damit reflektierend-regulativ.

Der Philosoph widmete sich zunehmend der Philosophie Kants, insbesondere in der 1994 auf Deutsch publizierten Schrift „Die Analytik des Erhabenen", in der er ausführt, dass die gedachte Einheit des Subjekts durch den Eindruck des Erhabenen in der Mathematik wie im Dynamisch-Erhabenen geistvoll untergraben wird. Lyotard betont, anders als Kant, nicht die postulierte Vernunftidee Freiheit, auf welche sich das Subjekt zurückgeworfen sieht, sondern schärft das Bewusstsein für die unaufhebbare Begrenztheit menschlicher Erkenntnis und die stets vorhandene Fragilität des Subjekts, das sich mit dem Pluralismus konfrontiert sieht. Die Aufgabe der Philosophie erkannte Lyotard darin, die Konfliktlinien unterschiedlicher Wertordnungen und Weltanschauungen aufzuzeigen, den allgegenwärtigen Widerstreit aufzudecken, aber nicht zu entscheiden, sondern diesen zu konstatieren, deskriptiv statt normativ zu agieren und für die Trennung von Ästhetik und Politik einzutreten. Der Totalitarismus, insbesondere der Faschismus tritt zutage, sobald die Kunst von der Politik instrumentalisiert wird, wenn das Ästhetische politisch und die Politik ästhetisch ineinander übergehen. Sartres Engagement etwa für die Politik verurteilte Lyotard scharf. Wer sich ungeniert in den Dienst einer Idee stellt, verrät die Philosophie, die sich auch heute nur dann begreifen lässt, wenn diejenigen, die das Philosophieren lernen, bereit sind, die klassischen Texte gründlich nachzuvollziehen und kritisch durchzuarbeiten.

Von Hans Jonas bis Robert Spaemann

In den achtziger Jahren des vergangenen Jahrhunderts traten neue, bis dahin nur wenig beachtete Probleme ins Bewusstsein. Die Sorge um die Natur, lange Zeit sträflich vernachlässigt, wurde zehn Jahre nach den düsteren Prognosen des „Club of Rome" über die Zukunft des Planeten Erde, in Kenntnis des Waldsterbens und einer weithin zunehmenden Umweltverschmutzung, nun verstärkt beachtet. Ebenso erweckte die verstärkte Nutzung neuer Technologien, beispielhaft genannt seien die Atomkraftwerke, vermehrt Besorgnis. Erste Störfälle traten auf. Die Rolle des Menschen in der Welt, das Problem der Technik und das verantwortliche ethische Handeln galt es nun neu in ihrem Verhältnis zueinander zu bestimmen. Wie stellte sich die Philosophie dazu? Die Denker der kritischen Theorie wussten darauf ebenso wenig eine Antwort wie die kritischen Rationalisten, die sich den vornehmlich erkenntnistheoretisch ausgerichteten Werken von Karl R. Popper und Hans Albert verpflichtet wussten.

Ein Buch markierte die Entdeckung jener Zeit besonders treffend schon im Titel: „Das Prinzip Verantwortung". In diesem heißt es gleich zu Beginn: „Was der Mensch heute tun kann und dann, in der unwiderstehlichen Ausübung dieses Könnens, weiterhin zu tun gezwungen ist, das hat nicht seinesgleichen in vergangener Erfahrung. Auf sie war alle bisherige Weisheit über rechtes Verhalten zugeschnitten. Keine überlieferte Ethik belehrt uns daher über die Normen von ‚Gut' und ‚Böse', denen die ganz neuen Modalitäten der Macht und ihrer möglichen Schöpfungen zu unterstellen sind. Das Neuland kollektiver Praxis, das wir mit der Hochtechnologie betreten haben, ist für die ethische Theorie noch ein Niemandsland." Verfasst hatte dieses Buch Hans Jonas, ein Philosoph aus der Schule Heideggers.

Jonas wurde am 10. Mai 1903 in Mönchengladbach geboren. Er studierte Kunstgeschichte und Philosophie zunächst in Freiburg, hörte bei Husserl, Heidegger und Jonas Cohn, wenig später wechselte er nach Berlin, studierte vor allem bei Eduard Spranger und Ernst Troeltsch. Jonas immatrikulierte sich auch für Judaistik. 1923 wollte er nach Palästina auswandern. Er hatte auch eine landwirtschaftliche Ausbildung begonnen. Jedoch besann er sich und setzte sein Studium in Marburg fort. Hans Jonas freundete sich dort mit dem Theologen Rudolf Bultmann an, in dessen Seminar lernte er auch Hannah Arendt kennen. Er promovierte bei Heidegger mit einer Studie über die Gnosis, die eine existenzphilosophische Deutung dieser geistigen Bewegung bot und „Gnosis und spätantiker Geist" genannt war. 1930 verfasste er eine Arbeit zu „Augustin und das paulinische Freiheitsproblem". Mit Hannah Arendt, die ebenfalls über Augustinus arbeitete, stand er in regem geistigen Austausch. 1933 emigrierte Hans Jonas nach London. Zwei Jahre später siedelte er nach Jerusalem über und trat der Armee des Vereinigten Königreiches bei. 1944 wurde Jonas Mitglied der „Jewish Brigade Group", die zunächst in Italien und später in den Niederlanden stationiert wurde. Nach einigen Jahren bei der Haganah, gewissermaßen die Vorläuferin der israelischen Armee, begab er sich über Kanada nach New York. Dort wurde er Professor an der „New School for Social Research".

Hans Jonas wollte Grundzüge einer philosophischen Biologie erarbeiten und hoffte auf die Möglichkeit einer Vermittlung zwischen Natur- und Geisteswissenschaften. Er veröffentlichte 1966 „Organismus und Freiheit. Ansätze zu einer philosophischen Biologie". 1978 erschien „Macht oder Ohnmacht der Subjektivität?". Als die Schrift „Technik, Medizin und Ethik", die eine Reihe von Aufsätzen und Reden zu einzelnen Problemen aus der praktischen Anwendung des „Prinzips Verantwortung" enthält, 1985 publiziert wurde, hatte Jonas bereits seine Fassung eines kategorischen Imperativs formuliert, der die Heuristik der Furcht und die Sorge um das künftige Dasein des Menschen integrierte: „Handle so, dass die Wirkungen deiner Handlungen verträglich sind mit der Permanenz echten menschlichen Lebens auf Erden." Weiterhin heißt es: „Nicht mehr Lust des Erkennens, sondern Furcht vor dem Kommenden oder Furcht vor dem Menschen wird da zum Hauptmotiv des Denkens, und dieses selbst stellt sich dar als ein Akt eben der Verantwortung, deren Begriff in ihr erarbeitet und mittelbar wird." 1987 wurde ihm der Friedenspreis des deutschen Buchhandels verliehen. Hans Jonas hielt eine vielbeachtete Dankesrede und warnte „im Schatten drohender Kalamität" eindringlich vor der ökologischen Katastrophe: „Sich des Schattens bewusst sein aber, wie wir es jetzt eben werden, wird zum paradoxen Licht der Hoffnung: Er lässt die Stimme der Verantwortung nicht verstummen. Dies Licht leuchtet nicht wie das der Utopie, aber seine Warnung erhellt unseren Weg – zusammen mit dem Glauben an Freiheit und Vernunft. So kommt am Ende doch das Prinzip Verantwortung mit dem Prinzip Hoffnung zusammen – nicht mehr die überschwengliche Hoffnung auf ein irdisches Paradies, aber die bescheidenere auf eine Weiterwohnlichkeit der Welt und ein menschenwürdiges Fortleben unserer Gattung auf dem ihr anvertrauten, gewiss nicht armseligen, aber doch beschränkten Erbe."

Jonas versuchte in zahlreichen Aufsätzen zeitgenössische Probleme aufzugreifen und zu diskutieren, die durch die neuen Technologien erst sichtbar wurden. Er schrieb und hielt Vorträge, mit großer Entschlossenheit, im Wissen um die Wichtigkeit der Furcht, die dem Menschen seine Gefährdungen deutlich aufzeigte. Niemand solle sich in beliebige Ängste flüchten, aber wer mit begründeter Furcht die neuen Entwicklungen beurteilte, würde gewiss mit geschärftem, sensibilisiertem Bewusstsein verantwortlich handeln. Ehrfurcht und Schaudern sollte der Mensch erneut lernen und dem technischen Machbarkeitswahn entsagen. Hans Jonas nannte das „Prinzip Verantwortung" auch eine „nichtutopische Ethik", die zu konkreten Maßnahmen führen konnte, eben zu einem in jeder Hinsicht verantworteten Dasein, sich selbst und künftigen Generationen gegenüber. Am Ende seines Buches „Das Prinzip Verantwortung" heißt es: „Das Paradoxe unserer Lage besteht darin, dass wir die verlorene Ehrfurcht vom Schaudern, das Positive vom vorgestellten Negativen zurückgewinnen müssen: die Ehrfurcht für das, was der Mensch war und ist, aus dem Zurückschaudern vor dem, was er werden könnte und uns als diese Möglichkeit aus der vorgedachten Zukunft anstarrt. Die Ehrfurcht allein, indem sie uns ein ‚Heiliges', das heißt unter keinen Umständen zu Verletzendes enthüllt (und das ist auch ohne positive Religion dem Auge erscheinbar) wird uns auch davor schützen, um der Zukunft willen die Gegenwart zu schänden, jene um den Preis dieser erkaufen zu wollen." Ein „illusionär überfordertes Heil" lehnte Jonas ab, aber die Beseitigung gegebener, konkreter Übel hielt er für möglich und geboten. Handeln soll der Mensch mit dem Mut zur Verantwortung: „Nicht die vom Handeln abratende, sondern die zu ihm auffordernde Furcht meinen wir mit der, die zur Verantwortung wesenhaft gehört, und sie ist Furcht um den Gegenstand der Verantwortung."

Hans Jonas starb im Alter von 89 Jahren am 5. Februar 1993 in New York. Sein Werk hat bis heute nichts an Aktualität eingebüßt.

Hans-Georg Gadamer wurde am 11. Februar 1900 in Marburg geboren. Er verstarb hochbetagt, geistig rege und tätig bis zuletzt, im Alter von 102 Jahren, am 13. März 2002 in Heidelberg, weit über Deutschland hinaus bekannt durch sein Werk „Wahrheit und Methode", das 1960 publiziert wurde. Die philosophische Hermeneutik als Lehre des universellen Verstehens in der Tradition der Denkwege Martin Heideggers grenzte Gadamer deutlich von den Vorstellungen ab, die Friedrich Schleiermacher und Wilhelm Dilthey vertreten hatten. Zunächst aber studierte Gadamer in Breslau bei Richard Hönigswald, danach in Marburg bei dem Neukantianer Paul Natorp. Gadamer promovierte über Platon. Die erste Begegnung mit Heidegger im Jahr 1923 prägte den jungen Philosophen nachhaltig. Er hat dies später als geistige Erschütterung seiner Gewissheit erlebt. Die Vorlesungen von Husserl und Heidegger in Freiburg besuchte Gadamer von nun an, studierte auch klassische Philologie bei Paul Friedländer und erlebte mit besonderer Intensität die geistige Präsenz Martin Heideggers. Die Habilitation über „Platos dialektische Ethik – Phänomenologische Interpretation zum Philebos" erfolgte 1929. Er bemühte sich in seiner Rezeption der Philosophie Platons um eine Differenzierung zwischen den selbstbewusst anmutenden Ansichten der Sophisten und der tiefgründigen Sachhaltigkeit der Darlegungen des Sokrates, wie sie von Platon geschildert wurden. Die Beschäftigung mit den Formen des Diskurses, das Gespräch, verweist bereits auf die im Kern wesentlich kommunikative spätere Philosophie des jungen Denkers.

Gadamer unterrichtete zunächst in Marburg und Kiel, ehe er 1937 einen Ruf an die Universität Leipzig erhielt. Politisch hielt er sich nach Möglichkeit abseits und blieb unauffällig. Gadamer versuchte sich mit dem Habitus einer einzig auf Geistiges ausgerichteten Kindlichkeit den Nationalsozialisten fernzuhalten, hielt auch Kontakt zu dem von diesen verhassten Edmund Husserl, scheute aber jeglichen Widerspruch gegenüber den Machthabern jener Zeit. Auch mit den sowjetischen Besatzern vermochte er sich nach dem Ende des Krieges in Leipzig zu arrangieren, ehe er 1947 erst nach Frankfurt und schließlich 1949 nach Heidelberg, auf den Lehrstuhl von Karl Jaspers, berufen wurde.

Immer wieder hatte Gadamer auf die Kunst Bezug genommen, auf Goethe, Rilke und Hölderlin. Er arbeitete sein philosophisches Hauptwerk aus, in dem er die eigentümlich reflexive Annäherung des Verstehens, die sich in der Begegnung mit dem kunstvoll in Sprache geformten Sein in der Zeit vollzieht, gebunden an ein Vorverständnis oder auch Vorurteil, in welchem der Einzelne lesend und wahrnehmend befangen ist, behandelt. Jeder, der sich interpretierend-resonanzvoll mit dem jeweiligen Gegenstand beschäftigt, bleibt doch zugleich gebunden an den so genannten hermeneutischen Zirkel, da jede Deutung die Bedingungen, unter denen der Interpret steht, nicht aufheben kann. Was interpretiert wird, soll ernsthaft betrachtet und bedacht werden, ohne anmaßende Überheblichkeit, im aufmerksamen Bewusstsein der Bindung an die Geschichtlichkeit des eigenen Seins. Offenheit setzte Hans-Georg Gadamer voraus, eine Offenheit, die erst das aufrichtige und authentische Gespräch ermöglicht und zu einer gehaltvollen reflexiven Aneignung führt. Die philosophische Hermeneutik Gadamers erhebt als geisteswissenschaftliche Methode einen universalen Anspruch: „Von dieser Gesprächsgemeinschaft ist nichts ausgenommen, keine Welterfahrung überhaupt."

Im Lauf der Jahre veröffentlichte Gadamer eine Reihe von

Abhandlungen zur Geschichte der Philosophie und verfasste immer wieder Aufsätze über das Schöne, über die Kunst als ein Modell der „Kommunikationsstiftung", welches die erfahrbare Wirklichkeit dieser Welt zu deuten vermag. Gadamers philosophische Hermeneutik gilt noch heute als prägend für die Methode der Geistes- und Kulturwissenschaften, passend zu den Gegenständen, die eben ganz anders sind als die Objekte, mit welchen die positivistisch orientierten und experimentell arbeitenden Naturwissenschaften befasst sind.

Das aufrichtige Bekenntnis zum römischen Katholizismus war Robert Spaemann, der heute zu den Beratern und Vertrauten Papst Benedikts XVI. gehört, nicht in die Wiege gelegt worden. Im Gegenteil, sein Vater Heinrich Spaemann, ursprünglich protestantischen Glaubens, bekannte sich viele Jahre zum Atheismus, ehe er sich in den dreißiger Jahren, nach dem Tod seiner Frau, Robert Spaemanns Mutter, der katholischen Kirche zuwandte sogar zum Priester geweiht und zu einem der bekanntesten Autoren über das Christentum in der Bundesrepublik Deutschland wurde, ehe er 2001 hochbetagt verstarb. Sein Sohn Robert wurde am 5. Mai 1927 in Berlin geboren. Nach dem Krieg hegte er durchaus Sympathien für den Kommunismus, bis er ernüchtert Kenntnis nahm von der politischen Praxis in Osteuropa. Er studierte an den Universitäten von Münster und München, in Fribourg und Paris. Belegt hatte er die Fächer Philosophie und Theologie, Geschichte und Romanistik. Philosophisch geprägt wurde er von Joachim Ritter, als dessen Assistent er in Münster zeitweilig fungierte. Die Habilitation erfolgte 1962. Er lehrte Philosophie in Heidelberg und München.

Robert Spaemanns Werk verbindet die aristotelische Orientierung, die die Grundlage seiner Arbeiten zu vielen Themen der Geschichte der Philosophie bildet, mit der Frage nach Gott und der Sinnhaftigkeit des menschlichen Daseins überhaupt. Die Vernünftigkeit des Glaubens zu erweisen ist das vielleicht wichtigste Moment seiner Schriften, die ein weites Feld der Philosophie abdecken, von der Analyse moralischer Grundbegriffe bis hin zu Fragen der Erziehung und Reflexionen über den Begriff des Glücks. Spaemanns Konservativismus findet Widerhall in dezidierten politischen Ansichten, die ihn als einen entschlossenen Gegner der Sterbehilfe wie als Kritiker einer liberalen Abtreibungsgesetzgebung erweisen.

Dass es eine objektive und damit verallgemeinerungsfähige Morallehre gebe, würde der Philosoph nie bestreiten, so sehr sich das wahrheitsfähige Lebewesen Mensch auch zahlreicher Verfehlungen schuldig mache. Auf diese Wahrheit hin, die der Mensch nicht erkennend erschließen, der er sich aber auf dem Weg der Wissenschaft annähern kann, und die sich für Spaemann nur im christlichen Glauben offenbart, soll das Individuum heute sein Leben ausrichten, um nicht in der stumpfen Banalität eines trivialen Dahinlebens zu versinken, wie dies die moderne Gesellschaft mit ihren vielfältigen Angeboten an Vergnügungen offeriert, die aber doch die eigentliche verborgene Sinnleere, die das religiös unbehauste Ich erfährt, nicht verdecken können. Der tückische Sog des Nihilismus, dem das von Angst getriebene Individuum nicht entgehen kann, scheint eine allgegenwärtige Bedrohung zu sein. Spaemann empfiehlt eine konzentrierte philosophische Besinnung auf die Gottesfrage: „Was uns veranlasst, von Gott zu sprechen, ist die Situation des Menschen in ihrer Verschränkung von Faktizität und Transzendenz. Die Welt als Inbegriff von allem, was der Fall ist, ist nur für ein transzendierendes Bewusstsein. Aber diese Transzendenz ist ihrerseits umgriffen von eben jener Faktizität. Sie ist ein Ereignis in der Geschichte der Welt, entstanden und zum Vergehen verurteilt. Dass der Mensch größer ist als der Kosmos, ist ebenso wahr wie, dass der Kosmos größer ist als der Mensch. Sie umgreifen sich gegenseitig. Und die Frage nach dem, jenseits dessen nichts Größeres gedacht werden kann, lässt sich weder nach der Seite des Menschen noch nach der des Kosmos beantworten. Hier scheint mir der Ausgangspunkt für ein philosophisches Reden von Gott zu liegen." Diesen Gottesglauben nennt Spaemann das „unsterbliche Gerücht", welches das Sein und Denken des Menschen auch zweihundert Jahre nach dem Zeitalter der Aufklärung noch begleitet. Spaemanns Gottesbeweis gründet auf dem „Futurum exactum", das denknotwendig mit dem Präsens verbunden sei: „Von etwas sagen, es sei jetzt, ist gleichbedeutend damit, zu sagen, es sei in Zukunft gewesen. In diesem Sinne ist jede Wahrheit ewig ... Wenn gegenwärtige Wirklichkeit einmal nicht mehr gewesen sein wird, dann ist sie gar nicht wirklich. Wer das Futurum exactum beseitigt, beseitigt das Präsens. Aber noch einmal: Von welcher Art ist diese Wirklichkeit des Vergangenen, das ewige Wahrsein jeder Wahrheit? Die einzige Antwort kann lauten: Wir müssen ein Bewusstsein denken, in dem alles, was geschieht, aufgehoben ist, ein absolutes Bewusstsein. Kein Wort wird einmal ungesprochen sein, kein Schmerz unerlitten, keine Freude unerlebt. Geschehenes kann verziehen, es kann nicht ungeschehen gemacht werden. Wenn es Wirklichkeit gibt, dann ist das Futurum exactum unausweichlich und mit ihm das Postulat des wirklichen Gottes. ‚Ich fürchte', so schrieb Nietzsche, ‚wir werden Gott nicht los, weil wir noch an die Grammatik glauben.' Aber wir können nicht umhin, an die Grammatik zu glauben. Auch Nietzsche konnte nur schreiben, was er schrieb, weil er das, was er sagen wollte, der Grammatik anvertraute."

Vielleicht liegt gerade hierin das Erstaunliche, das Kant erstmals in der Vorrede zur „Kritik der reinen Vernunft" ausgedrückt hat, einfach gesagt, dass die menschliche Vernunft das besondere Schicksal habe, von Fragen behelligt zu werden, die sie nicht abweisen kann, denn sie sind ihr selbst entsprungen, die sie aber auch nicht beantworten kann, ohne sich in Widersprüche oder Irrtümer zu begeben. Den Sprung in den Glauben oder die scheinbar vernünftige Einsicht in die Wirklichkeit Gottes hätte Kant als philosophisch unzureichend beurteilt, ja als widervernünftig angesehen. Nichtsdestoweniger entdecken wir in der Resonanz, die gegenwärtig auch ein ganz und gar unzeitgemäßer, modernitätskritischer Philosoph wie Robert Spaemann erfährt, ein philosophisches Phänomen: Dass die alten Fragen nach dem Guten und nach dem Sinn des Lebens uns auch in einem Zeitalter des nahezu ungehemmten naturwissenschaftlichen Fortschritts noch immer begleiten, dass uns, die wir fragend und staunend diese Welt anschauen, die Sehnsucht nach dem Absoluten noch immer nicht verlassen hat, ja dass sogar eine Wiederbelebung, eine geistige Rückkehr zur Metaphysik möglich erscheint – und dass wir auch im 21. Jahrhundert, freimütig und ernsthaft, die philosophischen Probleme erörtern können, die schon damals, vor zweieinhalbtausend Jahren, Sokrates von Athen inwendig bewegt haben und mitnichten abgetan und erledigt sind. Es ist unbestreitbar, dass eine Fülle neuer ethischer Probleme, die sich durch die zeitgenössischen Forschungen auftun, in der Medizin wie in den Neurowissenschaften sowie in vielen verwandten Disziplinen, nach einer adäquaten Diskussion und einem begründeten Urteil verlangen – hierzu zählen das Problem des menschenwürdigen Sterbens oder die Forschung an embryonalen Stammzellen. Wer näher hinschaut, sieht sich auch fortwährend an die Grundfragen der Philosophie verwiesen, die Immanuel Kant treffend benannt hat: Was kann ich wissen? Was soll ich tun? Was darf ich hoffen? Was ist der Mensch? Die Antworten, die die Philosophinnen und

Philosophen heute geben, können wir ebenso wie die Gedanken früherer Epochen als Anregungen und Impulse begreifen, die uns helfen, uns eigenständig im Denken zu orientieren – in der kritischen Auseinandersetzung mit den Philosophen der abendländischen Geistesgeschichte, von den Anfängen vor zweieinhalbtausend Jahren bis hinein in unsere Zeit.

Literaturverzeichnis

Die von mir verwendeten Zitate sind um der besseren Lesbarkeit willen in der Regel der derzeit gültigen, mehrfach reformierten neuen deutschen Rechtschreibung angepasst.

Alle Leserinnen und Leser, die sich eingehend mit der Philosophie der Gegenwart beschäftigen möchten, seien zum Selbststudium der Texte jener Zeit ermuntert. Aus dem reichhaltigen Schrifttum zu dieser Epoche der Philosophiegeschichte habe ich eine Liste einiger Werke, die ich bei der Abfassung dieser Darstellung zu Rate gezogen habe, zusammengestellt.

I. Primärliteratur

ADORNO, THEODOR W.: Gesammelte Schriften in 20 Bänden. Hrsg. v. Rolf Tiedemann. Frankfurt/Main 1977.

ARENDT, HANNAH: Elemente und Ursprünge totaler Herrschaft. Antisemitismus, Imperialismus, Totalitarismus. 3. Aufl. München 1993.

– Wahrheit und Lüge in der Politik. Zwei Essays. 2. Aufl. München 1987.

– Was ist Politik? Aus dem Nachlass hrsg. v. Ursula Ludz. München 1993.

BERGSON, HENRI: Materie und Gedächtnis. Hamburg 1991.

– Die beiden Quellen der Religion und der Moral. Frankfurt/Main 2000.

– Zeit und Freiheit. Frankfurt/Main 1989.

CARNAP, RUDOLF: Scheinprobleme in der Philosophie. Das Fremdpsychische und der Realismusstreit. Berlin 1928.

– Der logische Aufbau der Welt. Berlin 1928.

– Einführung in die Philosophie der Naturwissenschaft. Übers. v. Walter Hoering. München 1969.

CASSIRER, ERNST: Philosophie der symbolischen Formen. 3 Bände. 9. Aufl. Darmstadt 1994.

– Versuch über den Menschen. Einführung in eine Philosophie der Kultur. A. d. Engl. v. Reinhard Kaiser. 2. Aufl. Frankfurt/Main 1990.

– Substanzbegriff und Funktionsbegriff. Untersuchung über die Grundfragen der Erkenntniskritik. 7., unv. Aufl. Darmstadt 1994.

COHEN, HERMANN: System der Philosophie. Berlin 1902 ff.

DERRIDA, JACQUES: Randgänge der Philosophie. Hrsg. v. Peter Engelmann. Wien 1988.

– Positionen. Hrsg. v. Peter Engelmann. Wien 1986.

– Die Schrift und die Differenz. A.d.Franz.v.Rodolphe Gasché. Frankfurt/Main 1972.

DEWEY, JOHN: Kunst als Erfahrung. Frankfurt/Main 1980.

– Erfahrung, Erkenntnis und Wert. Hrsg. u. übers. v. Martin Suhr. Frankfurt/Main 2004.

– Philosophie und Zivilisation. Hrsg. u. übers. v. Martin Suhr. Frankfurt/Main 2004.

– A common faith. New Haven 1991.

GADAMER, HANS-GEORG: Gesammelte Werke. 10 Bände. Tübingen 1985–1995.

GEHLEN, ARNOLD: Der Mensch. Seine Natur und seine Stellung in der Welt. Hrsg. v. Karl-Siegbert Rehberg. Textkritische Edition unter Einbeziehung des gesamten Textes der 1. Aufl. v. 1940. Teilband 1. Frankfurt/Main 1993.

– Gesamtausgabe Band 4. Philosophische Anthropologie und Handlungslehre. Hrsg. v. Karl-Siegbert Rehberg unter Mitwirkung v. Heinrich Wahlen u. Albert Bilo. Frankfurt/Main 1983.

– Anthropologische und sozialpsychologische Untersuchungen. Mit einem Nachw. v. Herbert Schnädelbach. Reinbek 1986.

HABERMAS, JÜRGEN: Zwischen Naturalismus und Religion. Philosophische Aufsätze. Frankfurt/Main 2005.

HEIDEGGER, MARTIN: Die Grundbegriffe der Metaphysik. Welt – Endlichkeit – Einsamkeit. Frankfurt/Main 1983.

– Sein und Zeit. 19. Aufl. Tübingen 2006.

HORKHEIMER, MAX: Zur Kritik der instrumentellen Vernunft. Aus den Vorträgen und Aufzeichnungen seit Kriegsende. Hrsg. v. Alfred Schmidt. Frankfurt/Main 1967.

HUSSERL, EDMUND: Die Krisis der europäischen Wissenschaften und die transzendentale Phänomenologie. Eine Einleitung in die phänomenologische Philosophie. Hrsg. v. E. Ströker. 2. Aufl. Hamburg 1982.

– Phänomenologie der Lebenswelt. Ausgewählte Texte II. Hrsg. mit einer Einführung v. K. Held. Stuttgart 1986.

James, William: The Works of William James. 17 Bände. Cambridge (Mass.) 1975–1988.

– Die Vielfalt religiöser Erfahrung. Eine Studie über die menschliche Natur. Frankfurt/Main 1997.

Jaspers, Karl: Nietzsche. Einführung in das Verständnis seines Philosophierens. Berlin 1950.

– Von der Wahrheit. 4. Aufl. München 1991.

– Einführung in die Philosophie. Zwölf Radiovorträge. München-Zürich 1971.

Jonas, Hans: Organismus und Freiheit. Ansätze zu einer philosophischen Biologie. Göttingen 1973.

– Das Prinzip Verantwortung. Versuch einer Ethik für die technologische Zivilisation. Frankfurt/Main 1979.

– Technik, Medizin, Ethik. Zur Praxis des Prinzips Verantwortung. Frankfurt/Main 1985.

Kuhn, Thomas S.: Die Struktur wissenschaftlicher Revolutionen. 2., rev. und um das Postskriptum von 1969 erg. Aufl. Frankfurt/Main 1997.

Lyotard, Jean-François: Der Enthusiasmus. Kants Kritik der Geschichte. Hrsg. v. Peter Engelmann. Wien 1988.

– Das postmoderne Wissen. Hrsg. v. Peter Engelmann. Wien 2006.

– Die Analytik des Erhabenen. Kant-Lektionen. München 1994.

Nietzsche, Friedrich: Werke. Kritische Gesamtausgabe. Hrsg. v. G. Colli u. M. Montinari. Berlin-New York 1967ff.

– Sämtliche Werke. Kritische Studienausgabe in 15 Bänden. Hrsg. v. G. Colli u. M. Montinari. München 1980.

Peirce, Charles S.: Schriften zum Pragmatismus und Pragmatizismus. Frankfurt/Main 1991.

– Semiotische Schriften. 3 Bände. Hrsg. v. Christian Kloesel u. Helmut Pape. Frankfurt/Main 2000.

PLESSNER, HELMUTH: Gesammelte Schriften. Hrsg. v. Günter Dux u. a. unter Mitwirkung v. Richard W. Schmidt u. a. Band 4. Die Stufen und der Mensch. Einführung in die philosophische Anthropologie. Frankfurt/Main 1981.
– Macht und menschliche Natur. Frankfurt/Main 1981.
– Conditio humana. Frankfurt/Main 1983.
POPPER, KARL R.: Logik der Forschung. Hrsg. v. Herbert Keuth. 11. Aufl., durchges. u. erg. Tübingen 2005.
– Ausgangspunkte. Meine intellektuelle Entwicklung. München 1994.
– Objektive Erkenntnis. Ein evolutionärer Entwurf. Hamburg 1993.
SCHELER, MAX: Gesammelte Werke. Band 9. Späte Schriften. Mit einem Anhang hrsg. v. Manfred S. Frings. Bern 1976.
SIMMEL, GEORG: Gesamtausgabe. Band 5. Aufsätze und Abhandlungen 1894 bis 1900. Hrsg. v. Heinz-Jürgen Dahme und David P. Frisby. Frankfurt/Main 1992.
– Gesamtausgabe. Band 14. Hauptprobleme der Philosophie. Philosophische Kultur. Hrsg. v. Rüdiger Kramme u. Otthein Rammstedt. Frankfurt/Main 1996.
SPAEMANN, ROBERT: Glück und Wohlwollen. Versuch über Ethik. Stuttgart 1989.
– Moralische Grundbegriffe. München 1999.
– Das unsterbliche Gerücht. Die Frage nach Gott und der Aberglaube der Moderne. Stuttgart 2007.
– Der letzte Gottesbeweis. Mit einer Einführung in die großen Gottesbeweise und einem Kommentar zum Gottesbeweis Robert Spaemanns von Rolf Schönberger. München 2007.
WITTGENSTEIN, LUDWIG: Logisch-philosophische Abhandlung. Tractatus logico-philosophicus. Kritische Edition. Hrsg. v. Brian McGuinness u. Joachim Schulte. Frankfurt/Main 1989.

II. Sekundärliteratur

Böhler, Dietrich (Hrsg.): Ethik für die Zukunft. Im Diskurs mit Hans Jonas. Ethik im technischen Zeitalter. München 1994.

Burkard, Franz-Peter: Karl Jaspers. Einführung in sein Philosophieren. Würzburg 1985.

Culler, Jonathan: Dekonstruktion. Derrida und die poststrukturalistische Literaturtheorie. Reinbek 1999.

Deleuze, Gilles: Henri Bergson zur Einführung. 3. Aufl. Hamburg 2001.

Derrida, Jacques: Lyotard und wir. Berlin 2002.

Edel, Geert: Von der Vernunftkritik zur Erkenntnislogik. Freiburg 1988.

Fraasen, Bas van: The Scientific Image. Oxford 1980.

Fuller, Steve: Thomas Kuhn: A Philosophical History for Our Times. Chicago 2000.

Geier, Manfred: Martin Heidegger. Reinbek 2005.

– Karl Popper. Reinbek 1994.

Graeser, Andreas: Ernst Cassirer. München 1994.

Grau, Gerd-Günther: Christlicher Glaube und intellektuelle Redlichkeit. Eine religionsphilosophische Studie über Nietzsche. Frankfurt/Main 1958.

– Ideologie und Wille zur Macht. Zeitgemäße Betrachtungen über Nietzsche. Berlin-New York 1984.

– Kritik des absoluten Anspruchs. Nietzsche - Kierkegaard - Kant. Hannover 1991.

– Vernunft, Wahrheit, Glaube. Neue Studien zu Nietzsche und Kierkegaard. Würzburg 1997.

– „Die Selbstaufhebung aller grossen Dinge“. Philosophieren mit Nietzsche. Würzburg 2004.

Grondin, Jean: Hans-Georg Gadamer. Eine Biographie. Tübingen 1999.

HALLER, RUDOLF: Neopositivismus. Eine historische Einführung in die Philosophie des Wiener Kreises. Darmstadt 1993.

HAUCKE, KAI: Plessner zur Einführung. Hamburg 2000.

HAYMAN, RONALD: Jean-Paul Sartre. München 1988.

HENRICH, DIETER: Die Einheit der Wissenschaftslehre Max Webers. Tübingen 1952.

HOLZAI, HELMUT: Cohen und Natorp. Basel 1986.

HORSTER, DETLEV: Habermas zur Einführung. 4. Aufl. Hamburg 1988.

HOYNINGEN-HUENE, PAUL: Die Wissenschaftsphilosophie Thomas S. Kuhns. Braunschweig 1989.

JANSSEN, PAUL: Edmund Husserl. Einführung in seine Phänomenologie. Freiburg 1976.

JANZ, CURT PAUL: Friedrich Nietzsche. Biographie. 3 Bände. München 1978/79.

JONAS, FRIEDRICH: Die Institutionenlehre Arnold Gehlens. Tübingen 1966.

KAUFMANN, WALTER: Nietzsche. Philosoph – Psychologe – Antichrist. Übers. v. J. Salaquarda. Darmstadt 1982.

KENNY, ANTHONY: Wittgenstein. Frankfurt/Main 1974.

KIMMERLE, HEINZ: Derrida zur Einführung. 6., erg. Aufl. Hamburg 2004.

KOŁAKOWSKI, LESZEK: Die Suche nach der verlorenen Gewißheit. Denkwege mit Edmund Husserl. Stuttgart 1977.

KRAUTH, LOTHAR: Die Philosophie Carnaps. Wien-New York 1970.

KRÜGER, ANNIKA: Verstehen als Geschehen. Wissenschaftliche Zuständigkeitsbegrenzung und hermeneutische Erkenntnisweise. Wilhelm Diltheys und Hans-Georg Gadamers Versuch einer geisteswissenschaftlichen Emanzipation. Laatzen 2006.

LOTTMANN, HERBERT R.: Albert Camus. Hamburg 1986.

LUTZ, BERND (HRSG.): Metzler Philosophen Lexikon. Von den Vorsokratikern bis zu den Neuen Philosophen. Stuttgart 1989.

Malcolm, Norman: Ludwig Wittgenstein. München 1961.
Nordmann, Ingeborg: Hannah Arendt. Frankfurt/Main 1994.
Oehler, Klaus: Sachen und Zeichen. Zur Philosophie des Pragmatismus. Frankfurt/Main 1995.
– Charles Sanders Peirce. München 1993.
Ollig, Hans-Ludwig: Der Neukantianismus. Stuttgart 1979.
Paetzold, Heinz: Die Realität der symbolischen Formen. Ernst Cassirers Kulturphilosophie im Kontext. Darmstadt 1994.
– Ernst Cassirer – Von Marburg nach New York. Darmstadt 1995.
Pape, Helmut: Der dramatische Reichtum der konkreten Welt. Der Ursprung des Pragmatismus im Denken von Charles S. Peirce und William James. Weilerswist 2002.
– Charles S. Peirce zur Einführung. Hamburg 2004.
Paprotny, Thorsten: Politik als Pflicht? Zur politischen Philosophie von Max Weber und Karl Jaspers. Frankfurt/Main 1996.
– Das Wagnis der Philosophie. Denkwege und Diskurse bei Karl Jaspers. Freiburg 2005.
Pieper, Annemarie: Albert Camus. München 1984.
Pietrowicz, Stefan: Helmuth Plessner. Genese und System seines philosophisch-anthropologischen Denkens. Freiburg-München 1992.
Pöggeler, Otto: Der Denkweg Martin Heideggers. Stuttgart 1994.
Poser, Hans: Wissenschaftstheorie: Eine philosophische Einführung. Stuttgart 2001.
Prechtl, Peter: Edmund Husserl zur Einführung. Hamburg 1991.
Reese-Schäfer, Walter: Lyotard zur Einführung. Hamburg 1995.
Ries, Wiebrecht: Nietzsches Werke. Die großen Texte im Überblick. Darmstadt 2008.

– Nietzsche zur Einführung. 7. überarb. u. erw. Aufl. Hamburg 2004.

Rötzer, Florian: Französische Philosophen im Gespräch. München 1985.

Salamun, Kurt: Karl Jaspers. München 1985.

Saner, Hans: Karl Jaspers. Reinbek 1970.

Schilpp, Paul Arthur (Hrsg.): The Philosophy of Rudolf Carnap. La Salle/Illinois 1963.

Stegmüller, Wolfgang: Hauptströmungen der Gegenwartsphilosophie. Eine kritische Einführung. 4., erw. Aufl. Stuttgart 1969.

– Aufsätze zur Wissenschaftstheorie. Darmstadt 1990.

Steiner, George: Martin Heidegger. Eine Einführung. Aus dem Englischen v. Martin Pfeiffer. München-Wien 1989.

Suhr, Martin: John Dewey zur Einführung. Hamburg 2005.

Thomä, Dieter (Hrsg.): Heidegger-Handbuch. Leben – Werk – Wirkung. Stuttgart 2003.

Tietz, Udo: Hans-Georg Gadamer zur Einführung. 3. Aufl. Hamburg 2005.

Ulfig, Alexander: Lexikon der philosophischen Begriffe. Eltville am Rhein 1993.

Welsch, Wolfgang: Unsere postmoderne Moderne. Weinheim 1987.

Wiggershaus, Rolf: Max Horkheimer zur Einführung. Hamburg 1998.

– Theodor W. Adorno. München 1987.

Young-Bruehl, Elisabeth: Hannah Arendt. Leben und Werk. Frankfurt/Main 1986.

Zimmermann, Hans Dieter: Martin und Fritz Heidegger. Philosophie und Fastnacht. München 2005.

Dank sage ich, in treuer Freundschaft, Herrn Prof. Dr. Gerd-Günther Grau, der auch meine Studien zur Philosophie der Gegenwart begleitet hat. Für vielerlei Hilfe und wichtige Hinweise danke ich sehr herzlich Kinga Golus M.A., Holger Müller M.A. und meinen Eltern.

Die großen Denker unserer Zeit

Thorsten Paprotny
Kurze Geschichte der antiken Philosophie
Band 5286
„Erkenne dich selbst!" Die alltagspraktische Weisheit der antiken Philosophie – spannend bis heute.

Thorsten Paprotny
Kurze Geschichte der Philosophie der Aufklärung
Band 5557
Auf den Spuren Kants, Herders und Hegels bis hin zu Kierkegaard und Marx. Die spannende Geschichte eines Denkens, das bis in unsere Gegenwart wirkt. Anschaulich und mit Anekdoten erzählt.

Thorsten Paprotny
Kurze Geschichte der mittelalterlichen Philosophie
Band 5777
„Unruhig ist unser Herz, bis es ruht in dir, o Gott." – Mit Augustinus endet die antike Philosophie, und es beginnt eine spannende Reise von der Schule von Chartres über Thomas von Aquin oder die Scholastik bis hin zum Nominalismus und der Mystik eines Meister Eckhart oder einer Hildegard von Bingen. Immer stehen das Verhältnis und die Versöhnung von Rationalität und Glauben im Mittelpunkt. Fragen, die bis heute die philosophischen und theologischen Debatten bestimmen.

Thorsten Paprotny
Kurze Geschichte der Philosophie der Neuzeit
Band 5932
Ein Überblick über die Philosophie und Philosophen der Renaissance und der Neuzeit runden sich zu einem Bild einer ungemein spannenden Epoche des Denkens und Forschens. Wie in den vorangegangenen Bänden präsentiert Thorsten Paprotny leicht zu lesende Porträts der bedeutendsten Denker, kurze, klare Einführungen in Denken und Wirken garniert mit Anekdoten aus deren Leben.

Philosophie und Ethik

Regina Ammicht Quinn
Glück – der Ernst des Lebens?
Band 5652
Ein Buch, das die vielen Fragezeichen rings ums Glück sieht und Antworten findet mit denen es sich leben lässt.

Erich Fromm
Authentisch leben
Hg. von Rainer Funk
Band 5691
Wissen, was die eigene Person ausmacht. Bewusst aus eigenen Quellen leben. An die seelischen Ressourcen kommen, keine Fassadenexistenz führen, sondern intensiv fühlen.

Erich Fromm
Die Kunst des Lebens
Zwischen Haben und Sein
Hg. von Rainer Funk
Band 5906
Die Weisheit eines glücklichen Lebens besteht darin, aufmerksam zu werden für das, was wirklich zählt. Ein lebenspraktisches Buch über die Kunst, tiefer zu leben.

Alois Halder
Philosophisches Wörterbuch
Band 5967
Ein unverzichtbares Hilfsmittel für alle, die sich für die Geschichte und Fragestellungen des abendländischen Denkens interessieren.

Hans Joas
Braucht der Mensch Religion?
Über Erfahrungen der Selbsttranszendenz
Band 5459
Was erfährt, wer glaubt? Die Erfahrung der Selbstüberschreitung braucht Deutung. Eine überraschende Sicht auf eine alte Menschheitsfrage.